U0030631

不要活成
別人想要的樣子
要活出
自己快樂的樣子

Jens Mama —著

自序

自己決定
自己快樂的樣子

從一個懵懵懂懂的新手媽媽，變成現在兩個孩子的媽媽。從以前在臉書紀錄故事和寫寫散文，到現在把這些所有和孩子們一起共同成長的故事、這些想對自己和孩子們說的話，都一一記載在這本書裡。

　　這本不是育兒書，不教你怎麼帶孩子；這本不是媽媽手冊，不教你該如何當媽媽。本書記錄了自己和網友們的一些關於媽媽、婚姻、育兒等的心路歷程與體悟。書裡或許有你熟悉的情境、害怕的事實，或不知道該如何面對的情緒。但書裡，也記載著許多溫馨故事、育兒的樂趣和充滿鼓勵能相互扶持的字句。

　　這本書想提醒你，當媽媽的路上，你並不孤單。無論你是女兒，媽媽，媳婦，還是老婆，都別忘了為自己的身分感到驕傲。無論你是誰，請記住，你也可以決定「自己快樂的樣子」。

目　錄 Contents

♡04 什麼是婚姻？

♡05 婚後的生活

06 教養，別把孩子養成別人想要的樣子

07 女兒，因為你是你，所以值得

08 愛自己，別忘了自己想要的人生

Chapter 1

我是哪一種媽媽？

無論是在職，或者全職媽媽，無論是母奶，還是奶粉媽媽，無論是讓小孩自主
入睡，還是抱著哄睡的媽媽，她們都在以不同的方式為生活，為小孩，為自己
努力著。所以請不要拿著自以為的認知和社會的期待去評價一位媽媽，更不要
比較媽媽們的付出，因為每位媽媽的愛都是獨一無二的。

01. 為什麼要當媽媽？

　　相信很多人在當媽媽後，都會問自己這句話：「我為什麼要當媽媽？」對於身為兩個孩子的媽媽的我，以前也都經常在問自己，尤其是獨自照顧哭鬧的孩子時，這問題就會一天到晚總是出現在腦海裡好幾遍。若被別人問起，自己很多時候也不知道該怎麼回答？或許這個問題，根本沒有一個確實的答案。有些人會說是為了家人，為了這個家庭而生小孩，為了達成自己和人生中的「里程碑」和「期待」，為了不想讓生活留下遺憾。但又有多少人可以確保這些期望，不會變成失望？若孩子沒有跟著自己的方向走，沒有成為家人或這個家庭想要的樣子，沒有變成爸媽想要的期待，那麼當初想要當媽媽的目的，是不是就失去意義？

　　也聽過有人說，小孩是意外來的。但選擇生下來了，就必須負起養育小孩的責任，所以生小孩是因為「責任」；生了小

孩就必須負責，但如果生小孩的目的單純是為了「責任」，那麼因為責任而生的人，是否可以做到不把這份責任，當作是以後埋怨孩子的藉口，若總對著孩子說，我為了你，我失去了什麼？為了責任，我放棄了什麼？那麼問問自己，當初成為媽媽到底是為了「責任」？還是為了要犧牲自己？

有些人則說，結婚了就會順其自然懷孕，生小孩是為了開心。但是，當了媽媽都知道若生小孩的目的是為了要尋找「快樂」，那麼在照顧初生兒，餵母乳，教育孩子和經歷小孩生病的過程中，這些日子將會過得很煎熬，甚至還會糾結於自己當初生小孩的決定，是否正確？為什麼當媽媽沒有想像中那麼幸福快樂？甚至在當媽媽後，時常會有很多複雜的情緒，同時經歷著生氣與快樂的情緒；在育兒道路上，「快樂」只是其中一個必經心態，過程中還會經歷徬徨、憤怒、無助、驚奇、滿足、喜悅和其他各式各樣的情緒，這或許才是當媽媽的樂趣。

無論是因為什麼原因而想要生小孩，決定生下來的那一刻，就必須要有「當媽媽」的準備。從衣食住行到心靈和精神上的支持和教養，這些都是在育兒過程中缺一不可的。

那麼若不是因為快樂、責任或期待而當媽媽，到底是為了什麼要生小孩？關於這個問題，請相信我和許多媽媽一樣都有著同一個答案，那就是「不知道」。我不知道自己為什麼要生小孩，但我享受這個靈魂的陪伴，期待參與這個靈魂的人生過程。無論如何，不要有言語傷害，不要暴力對待，其實我們真的不必在乎「為什麼要當媽媽」的理由。

因為，愛不需要理由，而當媽媽也一樣。

A 媽媽最近和朋友聊天，友人的一句話讓她在意了很久。

孩子 2 歲前，她很少和朋友聚會，次數可以說是少過 2 次。孩子 2 歲後，才開始經常帶小孩出門，和朋友喝茶聚會都會帶上孩子。

上次聚會，朋友說了句話，讓她感到有些難過。

因為朋友談戀愛也接近 9 年了。話題突然聊到了婚姻，A 媽媽就開口問朋友：「有沒有打算步入婚姻？」而友人答到：「就算結婚了，也不會先生小孩。」友人接著說：「我不想像你這樣，出個門都那麼麻煩。」

聽到這句話，A 媽媽不禁鼻酸了一下。這時候，友人好像

察覺到她的心情，企圖想把話說清楚。

友人說：「就覺得生小孩後，會沒有自己的生活。做很多決定之前，都必須以孩子為前提，不能隨心，不能隨性，感覺人生過得很拘謹。就像你，成為媽媽了以後，約吃飯都要拖很久，出門也要帶很多大包小包的，也不能有說走就走的旅行，感覺很大犧牲。」

到了這裡，場面其實也有點尷尬。A 媽媽看著孩子，也沒說什麼，只是點點頭。

A 媽媽的老公算是半個神隊友，自從懷孕後，她就離開職場。老公會幫忙分擔家務和照顧小孩，也會尊重她這個全職媽媽。A 媽媽其實覺得自己挺幸運了，只不過當友人說，當媽後會失去自我，失去自由，就感覺有股說不出的心酸。

當媽前，可以逍遙自在到處玩。
當媽後，時間大多都花在教育孩子。
當媽前，想幾時吃飯就吃飯，想吃什麼就吃什麼。
當媽後，早午晚飯必須先想好，餵飽小孩才能自己吃。

當媽前，可以出門約朋友，火鍋下午茶一律到。

當媽後，出門必須看時辰，閨蜜都變成了網友，多餘時間都會想要睡覺。

當媽前，想買什麼就買什麼，口紅包包全來一打。

當媽後，掃貨要等到雙十一，買的全是孩子的必需品。

有些人會在還沒當媽媽前感到焦慮，覺得媽媽的身分，會容不下自己。我不想說謊，當媽後的日子的確不容易。你可能無法掌控自己的生活節奏，你可能每一天都很累總是睡不夠。但實際上，當媽後的責任或許是永遠的，但是，我認為當媽媽以前的自由，總有一天是一定會回來的。

生小孩不是為了傳宗接代，生小孩只是為了參與這個生命的人生，撫育這個生命，讓這個生命學會愛自己。

如果連這個都搞不懂，就真的可以考慮不用生小孩。生小孩不是犧牲，只是讓這個生命參與自己的人生。如果把小孩當作是犧牲自己的課題來探討，那麼你的人生將會充滿仇恨和圍繞著無謂的委屈。

還沒準備好的人，不要生。準備生小孩的人，就必須負起責任。因為小孩沒權利選擇出生，但媽媽有權利決定生下來。有小孩，沒小孩，你的人生，還是你的，別將你的遺憾和期望寄託在「人生有沒有小孩」的想像中。

　　不過，還是想對 A 媽媽說，如果下次小孩或是別人好奇問你：「媽咪，你為什麼要生下我／孩子？」

　　請你看著你孩子的眼睛，驕傲地，大聲地說：

　　「只為了這輩子要遇見你。」

　　當媽媽後的責任是雙倍，但別忘了，當媽媽後的快樂也是雙倍的。我打包票，有一種快樂：就是當媽媽。

02. 全職媽媽就不該獲得尊重嗎？

♥ ♥ ♥

　　常常聽到有人說，就算結婚後也要出來拼事業，就算結婚後也不會「只是」待在家裡當全職媽媽。而又有多少次當你和別人說起，結婚後，你想做的事就是當「全職媽媽」，得到的回應卻是：「不會吧！你說真的？」

　　「全職媽媽這份職業怎麼了嗎？」

　　在大多數人眼裡，全職媽媽就是一份「胸無大志」的志願。全職媽媽是女生想要待在家裡「輕輕鬆鬆」過日子的夢想生活。全職媽媽不用煩惱今天的業績有沒有達標，不用應酬各式各樣的顧客，不用去應付工作上所有的問題，只是待在家裡陪小孩睡午覺，做家務就好。

　　朋友聚會上，當別人聊起最近的工作近況，L 先生最近升遷當上銷售經理，O 小姐開了一間律師事務所，M 小姐最近開始自己創業。接著，他們問起了你的近況，你的工作如何？

這時，你遲疑了——

你說自己是一名「家庭主婦」，場面頓時一片肅靜。沒有當律師的羨慕眼神，沒有創業的敬佩語氣，他們為你感到惋惜，甚至藐視。

別人家的媳婦當老師，別人家的老婆是醫生。聽著聽著，總覺得全職媽媽好卑微。但是，為什麼全職媽媽不能得到別人的尊重？為什麼全職媽媽要為自己待在家裡感到罪惡？為什麼全職媽媽要為自己的身分感到自卑？

最好笑的提問是：你讀了那麼多書，就甘心「只是」當一個全職媽媽哦？

難道全職媽媽就應該是一個不會讀書，不懂得打交道，不清楚人情世故，不了解外面世界的井底之蛙嗎？就憑現在的網路時代，就憑現在的教育制度，大家真的可以確定全職媽媽和社會脫節了嗎？

大家可以問問身邊的全職媽媽，最近的時事，最近的政治新聞，最近的醫療問題，最近國家的教育程度，她們或許比其他人更加了解最近社會發生的任何事情。因為有了孩子，她們

比一般人更加關心社會課題。因為有了孩子，她們不得不逼自己每天學習新事物，如營養學、育兒知識，料理常識、情緒管理等等，全職媽媽都要不斷地精進。

在工作上，誰都可以被取替；但在眾多選擇中，你選擇了當全職媽媽。別人說你「只是」全職媽媽，但他們卻忘了說你是孩子「唯一」的媽媽。

也許，他們會覺得全職媽媽很無聊。也許，他們會覺得全職媽媽很輕鬆。也許，他們會覺得你的志願卻「只是」想要當個全職媽媽「而已」。是的，我們「只是」想當全職媽媽。我們「只是」365 天沒休假，我們「只是」做一份沒有薪水的工作，我們卻真的「只是」想要陪著孩子長大。

拋開你對全職媽媽那些不切實際的想像！

你以為全職媽媽可以每天賴床，

事實是，她們都在過著日夜顛倒的生活。

你以為全職媽媽可以不用上夜班，

事實是，凌晨時間醒著的都是媽媽。

你以為全職媽媽可以不用一大早起身擠公車，

事實是，她們的上班時間是 24 小時，全年無休。

你以為全職媽媽可以不用看老闆臉色，

事實是，小孩哭喊聲總是讓她們懷疑人生。

你以為全職媽媽可以有很多私人時間，

事實是，這是一份沒有娛樂，每天過著複製貼上的生活。

　　沒有了職業上的頭銜，但背負的重任卻無法比擬。雖然這份職業獲得的不是薪水，不是老闆和顧客的稱讚。但是換來小孩的每一次成長，每一個第一次，這種成就將會是一輩子的幸福感。

　　孩子不會自己長大，衣服不會自己洗乾淨，飯菜不會自己擺在桌子上，全職媽媽的付出也不該被忽視。朋友聚會上當別人聊起人生裡的成就時，這次，你沒有遲疑。因為你肯定全職媽媽是人生最大的成就，就是參與了孩子成長的每一個時刻。

　　所以，當下次遇到有人問你，或者你老婆，媽媽，媳婦的職業時，請面帶笑容，語帶自豪地告訴對方：

「我 / 她是一名全職媽媽。」

　　每一份職業都很辛苦，請尊重個人選擇。這一篇寫給全職媽媽，請為你的身分感到驕傲。

03. 有苦說不出的在職媽媽

如果要說在職媽媽對小孩不負責任，先想想她們為生活背負了多少責任。有些心酸，有些遺憾，相信大部分的在職媽媽應該都已習慣藏在心裡，只是不說而已。

這是 M 媽媽的真實故事。那天下午，M 媽媽如常和同事開會。會議尾聲，她突然收到一則保姆傳來的影片，心急想這個時間傳來的簡訊會不會是小孩生病還是什麼緊急狀況，著急之下打開手機一看，原來是她的寶貝第一次學會說「媽媽」，保姆幫忙拍下這動人的時刻，趕緊傳來跟她分享。

會議結束後，M 媽媽迫不及待和同事分享，大家都被逗樂了，整個會議室都充滿了歡樂聲。但笑著笑著，M 媽媽憋著已久的眼淚再也無法掩藏，全部人都以為她大概是因為感動而哭了。後來，M 媽媽才哽咽地說道：「女兒第一次叫的媽媽，不是我⋯⋯。」是的，在職媽媽對孩子的重視沒有比其他媽媽少，

但同樣是媽媽，她們卻錯過孩子很多小孩成長中的「第一次」。

她們有時候會被碎念，上班的時間全都給了自己。她們有時候會被責怪，成天顧著賺錢都忽略了小孩的教育；她們有時候會被懷疑，每天都在忙工作，到底會當媽媽嗎？她們早出晚歸，和孩子相處的時間，可能只有在睡前那幾個小時，或只剩週末的時間。

更多時候，她們會覺得自己更像是在做兩份工作。就算下班了，晚上依然要餵奶、換尿布、洗澡跟做家事；就算下班了，家務大小事一樣要有個人處理；就算下班了，回家還是要繼續當起老師、保姆、廚師等工作。有在職媽媽過著沒日沒夜的生活；有在職媽媽，每天都在面對冷言冷語；有在職媽媽，把時間和愛都分給了工作和家庭，卻忘了自己。她們在工作與家庭間盡心盡力，卻不一定能看見小孩的第一次微笑，第一次走路，第一次自己吃飯等成長的重要時刻。

在職媽媽不奢望別人的體諒，因為在工作面前人人平等。在職媽媽不需要別人的同情，因為每個決定都會有取捨。面對著不同的生活需要，面對著自己追夢的選擇，無論是家庭經濟

上，或者是在為自己的目標努力奮鬥，在職媽媽更希望身邊的人，能夠尊重自己的決定。

每個人都有口難言，身不由己。面對生活上的壓力，有些在職媽媽不是不想辭職，而是「不敢」辭職。追逐人生中的夢想，有些在職媽媽不是怕沒有錢，而是害怕沒有了「自己」。

無論是在職或者全職媽媽，她們都在以不同的方式為生活，為小孩，為自己努力著。所以請不要拿著自以為的認知和社會期待去評價一位媽媽，更不要去比較媽媽們的付出，因為每位媽媽的愛都是獨一無二的。

這篇寫給偉大的在職媽媽。身兼兩份工作的媽媽，辛苦了！每天回家開夜班的媽媽，辛苦了！要相信你的幸福，也會是雙倍的。在這裡也要向與小孩相隔兩地的媽媽們說聲加油，你們都是很棒的！

04. 當媽媽快樂嗎？

♥ ● ♥

想起之前問過友人這麼一句話：「當媽媽快樂嗎？」友人沈默，一時之間也不懂如何反應。她笑笑回答：「其他人都問孩子和家裡的事情，就你問我過得怎麼樣，哈哈，也是一樣，顧孩子，打理家裡，這樣就過一天，生活就這樣，沒什麼時間想別的。」

「那，快不快樂？」

友人再次沈默，這次好像有點無法作答。但還是客套地回了句：「孩子乖不哭鬧的時候就快樂吧，家裡的事情有處理好，老公工作順順利利的時候就快樂啊！」

「那，沒什麼是因為「自己」而感到快樂的事嗎？」友人說，日子每天一樣過，快不快樂也一樣。

大多數媽媽都會願意為了孩子和家庭付出和奉獻，甚至失去自己的時間和空間也無所謂。長期下來，也忘了聆聽自己的

內心。其實也不知道自己過得好不好，快不快樂？

生活總圍繞著家庭和孩子，一切都是以「家」為中心。漸漸地就會覺得家人孩子快樂，就等於媽媽的「快樂」。但事實是，沒有人會為你的快樂負責。別總是把快樂的責任建立在家人身上，把家人放第一位，而自己卻擺在後頭。生活不是只有家人先笑，媽媽才可以快樂。別總是捨棄自己的需求與感受，再用全部的時間和精力照顧家人的需求和感受。生活是可以先重視自己，再去照顧家人的幸福。

媽媽可以為自己出門逛了一整天，感到快樂。

媽媽可以為自己和閨蜜聊天吃飯，感到快樂。

媽媽可以為自己讀本書看齣戲，感到快樂。

媽媽可以為自己今天吃飽睡好耍廢一整天，感到快樂。

當媽後，別忘了，自己喜歡穿的衣服顏色，自己打扮化了妝的樣子，自己喜歡看什麼樣的書，自己喜歡聽什麼樣的歌。當媽後，別忘了，自己想要做的事。請容許自己為自己著想，

請容許自己帶給自己快樂。只要媽媽打從內心變得幸福，孩子和家人也會感到快樂。因為大家都學會了如何先愛自己。

當媽媽後，別忘了，自己也要快樂。

送給所有媽媽的 5 句話

① 愛不需要理由，而當媽媽也一樣。

② 當媽媽後的責任或許是永遠的，但是當媽媽前的自由是一定會回來的。

③ 生下你的原因，或許就只為了這輩子要遇見你。

④ 工作上誰都可以代替誰，但你是孩子「唯一」的媽媽。

⑤ 當媽媽後的責任是雙倍，當媽媽後的快樂也是雙倍的。

好媽媽的定義

育兒路上，我們總會聽見很多聲音和各式各樣的意見，但有些則更像是指令，叮嚀媽媽必須得遵從這個作法，接受那個建議，否則你就不是一位合格的媽媽。若你和別人的育兒方式不一樣，有些人甚至還會質疑你，到底是不是一個好媽媽。自古以來，好媽媽的定義到底是什麼呢？

孩子出生後，每個媽媽總想竭盡所能地當個好媽媽，如果不聽取前輩的意見，是否就不是個好媽媽？如果不跟隨別人的育兒建議，是否就不能稱得上是好媽媽呢？

很多人認為想成為好媽媽就必須要會做飯，最好待在家帶小孩，家務大小事樣樣精通，家人第一，自己第二等；但我個人認為，若想成為好媽媽其實很簡單，讀了以下的文章後，相信你會對「好媽媽」這個身分有了新的定義。

05. 好媽媽不必做的五件事

「好媽媽」的定義有千百種，我們不得不承認，隨著時代的改變，有些定義或許也已經變得和從前不一樣。既然大家都在說「好媽媽」必須要做什麼，那麼今天來和大家分享：好媽媽不必做的五件事情。

一、不必自己做家務，懂得分配家務

今日，好媽媽的定義不再只是圍著家庭轉，她們偶爾也要上班，開會，擁有自己的事業或興趣。家務事不再是她們一個人的日常任務，除非媽媽可以擁有 72 小時不睡覺的能力；如果沒有的話，好媽媽需要學習分配時間，也必須學會分配家務。全職媽媽也一樣，「必要時讓自己喘口氣，老公和小孩也沒必要受氣」，讓家庭幸福和睦，減少夫妻間的摩擦，就要從分擔責任開始。

二、不必餵小孩吃飯，適時放手讓孩子學習獨立

身為媽媽最深的一門學問，應該就是學習「如何放手」。其實放手的第一步，可以從嘗試讓小孩自己吃飯開始。要知道好媽媽的任務不是每天追著孩子餵飯；雖然媽媽們都很害怕孩子沒吃飽，會餓肚子。但很多時候，相信自己的孩子才是媽媽最需要完成的一項重要任務。

媽媽放手讓小孩自己吃飯，是相信孩子可以獨立完成這件事情，同時也在建立他們的自信心。雖然小孩自己吃得髒兮兮，可是這小小的放手舉動，卻會讓小孩覺得自己是最棒的。除了吃飯，在適當的年齡也可以讓小孩自己動手穿衣服、穿襪子。不必擔心孩子做不到，更不要剝奪他們學習的機會。堅持讓孩子學會自立，好媽媽懶得放手，小孩只會更懶。

三、不必跟隨別人的育兒方式

基本上每位媽媽或者長輩都是以愛孩子為出發點。所以很多時候，有一部分的人會把自己認為愛的定義套在別人的身上。育兒路上除了鼓勵的聲音，偶爾還會聽見不同的意見，有些不請自來，有些尖酸刻薄，有些更是不知所謂。好媽媽不一定要

盲目地跟隨著傳統或者別人的育兒方式，因為每個人的生活習慣、家庭背景、孩子性格都不一樣。媽媽們絕對有權利來選擇對孩子和自己最好的育兒方式，也可以有一套自己的育兒堅持。My kids, my rules，養孩子可以隨性，但絕不能馬虎。

四、不必對自己愧疚

小孩生病不是媽媽的錯，不能待在家裡顧小孩也不是媽媽的錯，小孩跌倒了更不是媽媽的錯。媽媽們不需要一直把這些控制不了的事情往自己身上扛。很多時候媽媽的愧疚感不是來自於孩子，而是不敢接受那不完美的自己。總是害怕自己不能勝任這個角色，害怕老公失望，更害怕孩子覺得自己不是個好媽媽。

但有時候在扮演媽媽這個角色時，也不要忘了自己會累，會犯錯，會覺得無力，過多負面的愧疚感對小孩，對這個家並沒有很大的幫助。嘗試去體諒自己，嘗試把愧疚感變成勇敢，因為擁抱自己的不完美，也是需要勇氣的。好媽媽不一定完美，但你努力成為媽媽的樣子，真的很美。

五、不必把愛全都給了家

可能有些人會說身為好媽媽，就應該為家庭全心全意的付出，把心全都放在小孩身上。但是別忘了過多的付出，只會造成負擔；過多的愛，可能會造成溺愛。好媽媽必須學會把時間和愛留一點點給自己，培養自己的興趣，不放棄自己喜歡做的事。因為媽媽能夠給孩子最好的人生建議，就是教會他如何去愛自己。

其實世界上並沒有所謂的好媽媽、壞媽媽，對孩子、對家而言，媽媽永遠就只有一個。媽媽的心態決定孩子的態度，媽媽的心情，決定孩子的幸福。一個幸福的家，取決於你是不是一個「對自己好的媽媽」。

無論你贊不贊同，希望大家都可以繼續努力成為一個愛自己的「好媽媽」。

06. 當媽就要有媽媽的樣子

很常聽到有人對媽媽說這句話:「當媽就要有媽媽的樣子」。但什麼是媽媽該有的樣子呢?有人會說,待在家裡好好照顧老公和小孩;有人會說,把家打理整齊,把該節省的省起來,是一個好媽媽應該做的事情,這些都是一個好媽媽該有的樣子。

曾經聽過一位朋友訴苦,說當媽媽後自己已經很久沒有打扮得美美的,一直都不敢去弄頭髮,弄指甲。原因是怕被「其他人」說「沒有當媽媽的樣子」,即使孩子已經三歲了,即使她花的是自己的錢,即使那是她想去做的事情。

她常聽到的聲音是:「都已經當媽了,就不用做些無謂的事情。」

當媽媽了就不要打扮得太火辣,要有媽媽的樣子。
當媽媽了就不用弄頭髮塗指甲,要有媽媽的樣子。

當媽媽了就不能夠紋身打肚環，要有媽媽的樣子。

當媽媽了就不能喝酒出去聚會，要有媽媽的樣子。

生活中存在太多關於好媽媽的標準。

一個好媽媽的設定，必須是辛勞的。

一個好媽媽的設定，必須是樸素的。

一個好媽媽的設定，必須是任勞任怨的。

有人說這樣的媽媽，才是偉大的，那些能讓她在生活中感到開心的事情，在別人眼中也只是些無謂的小事。似乎當媽媽了，連快樂都變得很奢侈。

沒有人喜歡被道德綁架，承受著別人給予的精神壓力，但往往最容易被道德綁架的人，就是媽媽。很多人單憑著一個人的外觀，就直接斷定她是一個怎樣的媽媽。

母愛沒有設限，當媽媽了也不需要為自己的人生設限。就算成為媽媽了，也可以照顧形象，就算成為媽媽了，也可以追

求時尚，就算成為媽媽了，也能理所當然做自己想做的事情。

只要你有負起當媽媽的責任，

那麼其他人憑什麼決定你當媽媽的樣子呢？

　　有些人不敢生小孩，是因為害怕媽媽的人生會被很多人和事物限制著。或許，育兒的第一堂課，不是要學會克制自己的情緒，而是要學會如何不活在別人的嘴裡。朋友，你要記得，即使當媽媽，也要讓自己決定自己快樂的樣子。

07. 等你當媽媽後，你就會改變了

很多人說，等你當媽媽後，你就會改變了。

從一個很愛美的女孩，變成現在頭髮有紮起來就好。
從一個不會煮的女孩，變成現在愛上各種烘焙廚具。
從以前不常打掃清潔，變成現在擁有嚴重的潔癖。
從以前會分辨口紅色號，變成現在研究吸塵器的牌子。

也有很多人說，等你當媽媽後，你就會學會了，我現在才領悟到這句話。以前總是聽媽媽或者別人說，當了媽媽，你就知道；當了媽媽，你就會學會；當了媽媽，你就會懂了。但，我想說的是，女人的改變，即使女人當了媽媽後，不應該是因為壓力，不應該是因為妥協，不應該是因為要成為別人口中的「好媽媽」，更不應該是因為「這些都是應該的」而改變。

改變是為了建立一個有愛的家，改變是為了教育下一代，改變是為了成為更好的自己。蛻變的過程中，有苦有鹹，但有一樣的東西是與生俱來，不用學也會，那就是對孩子的愛，孩子能夠感受到的「母愛」。

　　當媽媽後，或許很多事情都學會了。但別忘了，要學會當個愛自己的媽媽。

　　好媽媽的定義其實從來都不是必須通過誰的認可，才能被稱為「好媽媽」。只要自己願意相信自己這個「身分」，只要自己有勇氣用愛的方式來擔當這個角色，那麼打從孩子一出生，你已經是孩子心目中獨一無二的好媽媽。

　　無論是孩子、老公或者別人覺得你是不是個好媽媽，這都不重要。重要的是你自己，得先學會為媽媽這個身分感到驕傲。

08. 我後悔當媽媽了？

有人說，當媽媽後就後悔了，不再像以前自由，失去很多朋友，睡眠不足很累人，於是有人說，我後悔當媽媽……。

當媽媽後，你覺得每一天都很平凡，生活不是家務事，就是照顧孩子。

偶爾也會想起以前周五周六和朋友們的夜生活。

當媽媽後，你覺得每一天都在重複，固定時間上下班，準時回家備晚餐。

偶爾也會想念無約束的日子，從前說走就走的旅行。

當媽媽後，你覺得朋友逐漸變少了，見面的時間少了，能聊的話題也不多。

偶爾也會懷念以前唸書每天見面，半夜聊電話的日子。

當媽媽後，你覺得生活好像不再像從前。你覺得生活好像少了些自由，放縱，冒險的時光。

有時候，你想回到過去，但也忘了，過去的你，也曾憧憬當媽媽的生活。從前的生活，想像不到屬於當媽媽的成就感。從前的生活，不曾體會過和孩子的親密時光。從前的生活，給不了你現在擁有的溫馨日子。其實，過去的你，也曾想像過「現在的你」。當媽媽後，有孩子的生活，給了你從未有過的溫暖和安全感。

人生中有不同階段的自己。或許，從前的你，過著自由無約束的日子。現在的你，過著充實有歸屬感的日子。每一個階段的自己，都有不同的領悟。每一個階段的自己，都會找到屬於自己的價值。而每一個階段的你，都會是「最好的自己」。

累了，可以休息。偶爾偷懶，享受 me time。享受現階段自己，體驗現在的幸福生活。孩子終究會長大，而你所想念的自由和時間，都會不知不覺中，在某個人生階段悄悄歸來。那時候，可能會想念小時候的孩子們，那時候，可能會想念初為人母的時光，但這些都沒關係，只希望我們都有珍惜每個階段的

自己。 那麼在自己的人生中，或許也會少些遺憾。

又或許，我們不必糾結於當媽媽後，會不會後悔？而是即使當媽媽後，你還會記得，要好好愛自己。

送給懂得「對自己好」的媽媽們的 10 句話

① 必要時讓自己喘口氣，老公和小孩也沒必要受氣。

② 減少夫妻間的摩擦，就要從分擔責任開始。

③ 養孩子可以隨性，但絕不能馬虎。

④ 很多時候媽媽的愧疚感不是來自於孩子，而是不敢接受那不完美的自己。

⑤ 嘗試體諒自己，嘗試把愧疚感變成勇敢。

⑥ 過多的付出，只會造成負擔。

⑦ 媽媽的心態，決定孩子的態度。媽媽的心情，決定孩子的幸福。

⑧ 母愛沒有設限。當媽媽後也不需要為自己的人生設限。

⑨ 即使當媽媽了，也可以決定自己快樂的樣子。

⑩ 好媽媽不一定完美，但你努力成為媽媽的樣子，真的很美。

Chapter 3

不要活在別人的嘴裡

媽媽們都很珍惜孩子成長中的「第一次」。我們會經歷孩子第一次走路，第一次說話，第一次上學的成長階段。當然，也會體驗第一次恐懼，第一次無助，第一次崩潰的心路歷程。媽媽這份工作，坦白說，沒有教學手冊。別人可以給你意見，但他們無法教你如何去當自己孩子的媽，你只能靠自己一步步地摸索，一次次的經驗來創造屬於自己和孩子專屬的育兒方式。

因為這個世界上，只有你，才知道怎麼當你孩子唯一的媽媽。別人的建議，或許可以聽聽，但不一定要去應用，因為每個孩子都不一樣。或許有時候，媽媽會在意別人的評價，不是因為在乎別人的看法，而是會懷疑自己的育兒方式是否對孩子是最好的？是否會影響孩子的未來？而這樣的想法，就會逐漸地讓媽媽的心情焦慮起來。

不聽取意見，怕以後會後悔？想要堅持自己的育兒方式，難道真的行不通嗎？但我覺得，當媽媽的過程或者育兒路上並沒有絕對，或是統一的方式。要不要接受別人的看法呢？看完以下的文章後，你再來決定別人的言論重不重要！

09. 你的從前不是我的現在

講真的，不要再和媽媽們說「以前」了。

「以前」新生兒需要喝水的。

「以前」新生兒需要剃頭的。

「以前」新生兒需要吃（偏方）的。

「以前」小孩子不會自己吃飯的。

「以前」小孩子一定要穿厚的。

「以前」小孩子一定要用學步車的。

「以前」小孩子不用一直抱著的。

「以前」小孩子出門不用坐安全座椅的。

「以前」小孩子要用騙的。

「以前」小孩子一定要用打的。

「以前，我都是這樣帶小孩。」

的確，我們很多人都是被「傳統的」育兒方式拉拔長大的，但這並不表示我們一定得要認同這樣的育兒方式。很久以前的人用石頭在牆上畫畫，但現在不會有人教孩子用石頭寫字。如果還在把以前的思維套在新世代上，我們下一代的孩子真的可以跟得上時代的腳步嗎？

育兒從來沒有對與錯，只有後果。

　　未來的好與不好，無論是性格、教養還是身體健康，所有要承受這一切的人，並不是長輩，不是父母，而是孩子自己。現代父母的責任不再只是給予三餐溫飽；孩子的心靈、思維、身體健康也成為了父母需要關心的課題。時代不停在改變，我們價值觀也變得不一樣。家庭觀和育兒方式也得要跟上步伐，危害寶寶健康的育兒方法更是不能盲目跟從。

　　感恩所有疼愛小孩的長輩，感恩所有願意照顧小孩的長輩，感恩所有願意發表意見的姨媽姑姊、叔叔、阿姨、姊姊、哥哥。但是請不要再用「以前」的觀念來批評現代父母的育兒方式。育兒這條路不簡單，無情的打擊和斥責並不會讓爸媽的生活更簡單些。

以前有以前的好，現在有現在好，父母有權選擇哪一種育兒方式對自己孩子最好。因為來到這個世界上，不是活著就夠了，我們還得教孩子如何「活出自己」。

尊重別人的育兒方式，不要用傳統或是道德觀念綁架每位父母，不要隨意批評別人的努力。先前看過有關產後憂鬱症的網路文章，發現有人在留言處寫道：「以前的媽媽都不會有憂鬱症」。

在以前網路不是很發達的年代，產後憂鬱症到底是「沒有」，還是你「不知道」它的存在？不要讓「自我認知」掩蓋理智，不要把「無知」當作真實。以前出門不用戴口罩，現在出門必須要戴口罩。你可以不相信事實，但不能不接受改變。

在育兒的道路上，只要說「辛苦你了，加油」，或許就真的足夠了。

當別人說：有你這樣的媽媽，小孩很可憐。

你家的小孩很可憐，都不能吃糖果。但蛀牙了，誰比較可憐？你家的小孩很可憐，平時都是保姆在顧。但家裡經濟不行了，誰比較可憐？你家的小孩很可憐，都一個人在玩，沒有兄弟姊妹。但忙生二胎卻忽略了大寶，誰比較可憐？

當媽媽時，總會被一些無謂的人指指點點。有些表面上打著好心的建議，卻不知道這些不請自來的評論，到底傷了多少媽媽的心。別總是說媽媽很敏感，別總是說媽媽很玻璃心，這些看似「無心」的對話，背後到底藏著多大的羞辱？

這些人很常批評其他父母的決定，但他們從來不會主動去探索背後的原因。很多時候不是媽媽承受得太多，只是「同理心」太少了。

想給你幫助的人，不會指責你。

想給你心得的人，不會羞辱你。

想和你分享的人，不會說：「小孩有你這種家長很可憐。」

說話可以直接，但請不要言語傷害。育兒心得可以分享，但請不要言語暴力。每位媽媽的付出都不簡單，每個媽媽對小孩說的「不可以」，背後總有她的理由。

尊重自己選擇的同時，也記得要尊重別人的育兒方式。不隨意評價，不隨便干涉，就是對媽媽最大的尊重。有些意見可以聽，有些意見真的可以只是聽一聽就好。

10. 當媽媽後，你失去了多少位朋友？

有很多人在當媽媽以後，就失去了從前一起讀書上學的同學；有很多人在當媽媽後，就失去了從前一起吃飯聚會的朋友；有很多人在當媽媽後，就失去了從前一起無話不說的閨蜜；剛成為新手媽媽，很多事情都變得不一樣。你可能沒有時間打扮，沒有時間出去聚會，沒有精力和朋友聊天，你把全部時間和精神都放在自己的寶貝身上。

夜深人靜時，你偶爾會想念以前的日子。那些和朋友一起無憂無慮的快樂時光。你會羨慕那些還沒當媽媽的朋友，你會懷疑自己的「媽媽身分」，只不過你比她們早些時候成為媽媽，生活節奏不再一樣，然後她們會說：「你變了⋯⋯。」

有時候在臉書看到一些媽媽的負面貼文與留言，才覺得讓一位母親患上憂鬱症的其中一個兇手，大多是因為那張「傷害別人」的嘴。你是否有常聽到這些話呢？

「每天待在家裡，寧願找藉口顧孩子也不和我們出去！」

「哇，生了小孩後身材走樣了咧，你沒有考慮去減肥嗎？」

「為什麼生了孩子就不去上班，你老公很辛苦咧！」

「我看到誰誰生了小孩也是可以去上班，身材也很美咧，你應該學學人家啦！」

有些人總認為自己是一個直接的人，自己是一個誠實的人，但事實是，他們都是一些「不知所謂」的人，這些人真的是媽媽們身邊的「好朋友」嗎？

那些總說你每天待在家裡，指責你找藉口不出門聚會的人。

那些總說你生了孩子，身材走樣，打擊你自信心的人。

那些總說你生孩子後，放棄工作，批評你毫無上進心的人。

那些總說你不比其他媽媽漂亮、能幹，取笑你的人。

抱歉！她們不是你的朋友。

她們說你變了，但其實改變的不是你，也不是她們，只是大家對生活的期待和態度不再一致；說話喜歡傷害別人的朋友

不是直接，是故意；說話喜歡打擊別人的朋友不是無心，是無腦；那些人總說生了孩子的媽媽特別玻璃心，是因為他們沒看過媽媽們最堅強的樣子。

新手媽媽常常連續二至三個晚上犧牲睡眠時間都要堅持擠奶；每隔兩小時就要起身餵奶，每隔四小時就要換尿布，甚至有時還要忍著傷口的痛哺乳，或是下體還在流著惡露都還得去醫院排隊檢查黃疸，帶寶寶打預防針；這些都是堅強的媽媽不斷要面對的挑戰，而不能因為你當了媽媽而替你感到快樂的人，很抱歉！她們不是你的朋友。

有一種閨蜜，總為你流眼淚。

得知你要結婚了，她哭了。

得知你要懷孕了，她哭了。

得知你生孩子了，她哭了。

得知你剖腹生產手術成功，她哭得比你媽還大聲。

有一種閨蜜，總會在你身邊。你說懷孕饞嘴，她會買你愛吃的給你；你說沒時間出門，她會開車來你家陪你孩子玩；你說開刀後的肚子沒自信，她會拉著你一起去紋身；你說你不想餵母奶了，她會在你旁邊喝著紅酒，手裡拿著零食，然後回答

你說：「好主意，要來一口嗎？」

　　有一種閨蜜，她總是參與你人生中每一個階段；有一種閨蜜，她總是有事沒事第一個出現在你身邊。真正的朋友會批評你，但她們不會奚落你。真正的朋友會跟你開玩笑，但她們不會打擊你。她們會讓你把當媽的所有委屈給一一消滅掉。因為有她的陪伴，有她的肩膀，你不會覺得只有你一個人在承受。

　　有一種閨蜜，無論是當媽媽前，當媽媽後，她都會支持你。有一種閨蜜，無論是當媽媽前，當媽媽後，她都會為你感到驕傲。每個媽媽都希望有個懂自己的閨蜜，但如果沒有遇到，也沒關係。因為很幸運的，我們生活在這個網路時代，媽媽們都不會再是一個人。那些不能理解你的人，那些不懂得尊重你的人，或許誰都沒有失去誰，只是不再適合。

　　要記住，那些會為你感到驕傲的人才是真朋友。

11. 不干涉是最大的尊重

這陣子，聽到很多爸媽崩潰的聲音。養育小孩本來就是個不簡單的人生課題，但在疫情的時代，這課題就變得更加艱難無比。其實無論是疫情前，還是疫情後，爸媽做的大小決定，難免都會聽到否定的聲音。最常聽到的：「你會不會當人家的媽媽／爸爸？」、「你這樣做是害了孩子！」

雖然是別人隨口一句的指責，但在某個晚上，還是會因為這些話而弄得徹夜難眠。有時候看著孩子入睡，摸著小孩的頭，注視著熟睡的小臉蛋，心裡就一陣酸楚，悲從中來，爸媽就真的捨得害自己的心肝寶貝嗎？

有時候會收到一些媽媽的私訊，很多人都是自己在默默地承受不請自來的批評和無情的斥責。她們的心酸和眼淚不是沒有人可以理解，只是沒有人願意去理解背後的苦衷。

生小孩選擇剖腹生產，他們說我在害小孩。

沒母奶只能餵配方奶，他們說我在害小孩。

在家裡讓小孩看電視，他們說我在害小孩。

三級緊戒卻讓小孩去上學，他們說我在害小孩。

在家裡上班沒空陪玩，他們說我在害小孩。

雙薪家庭讓保姆顧小孩，他們說我在害小孩。

有些批評來自於外人，有些卻是來自於身邊的人。他們不斷地評論別人的育兒方式，總覺得這也不對那也不對，他們懷疑別人到底會不會當父母。雖然「這些人」很常批評其他父母的決定，但他們從來不會主動去探索背後的原因。

他們沒有想過，因為身體狀況，有些媽媽即使冒著生病危險也要去剖腹產；他們不知道有些媽媽多想要餵母奶，卻基於家庭和健康問題而被逼著選擇斷奶；他們沒想過，小孩不看電視，爸媽就煮不了飯，每煮一道菜都要伸頭查看客廳的孩子狀況，孩子不在自己的視線範圍，一分一秒都過得不安心。

他們更加不知道雙薪父母的擔憂，就算在外工作，也難免

會分心想著孩子的事情；今天吃飽了嗎？午覺睡得著嗎？有沒有和人打架啊？疫情時期，依然要工作，依然要維持家庭經濟的爸媽，和孩子相隔兩地的爸媽，那份思念，那種糾結的心情，那些錯過與孩子一起成長的遺憾，實在是無助又心酸。

有些人會說，竟然必須雙薪不能自己顧孩子，當初就不要生嘛。嗯，如果「他們」不能將心比心，那麼也不要生孩子好了。若不能站在別人的角度為人設想，事事以自己的「以為」的觀念來判斷別人的行為，還要加以無謂的打擊和批評，總是關心別人的家事，卻忘了管好自己家的事，學不會「同理心」的人，只會讓身邊的人難受。其實學會「不干涉」別人的育兒方式，真的是對所有的爸媽最好的體貼與尊重。

他們不知道雙薪家庭拼了命，其實就是想給孩子最好的生活；疫情打亂了多少計畫，也打破了多少關係。小孩喝什麼奶，小孩怎樣睡覺，小孩會不會自主上廁所，在這非常時期，小孩該不該上學，別急著問，別急著給意見，別急著批評了。

只要不是虐兒事件，只要有負起當爸媽的責任，別人的育兒方式或者選擇還真的與你無關。很多時候大家只是關心爸媽

的家事，卻忘了關心爸媽的心事。

　　當然育兒從來沒有對與錯，只有後果。尊重自己，也別忘了尊重別人。媽媽也別忘了要學會如何「不活在別人的嘴巴裡」；更別忘了，那些一直都支持並且鼓勵著我們的人。

　　不必對一位媽媽說，你的樣子看起來累。

　　不必對一位媽媽說，你好像每天都待在家。

　　不必對一位媽媽說，你好像沒什麼朋友。

　　不必對一位媽媽說，你的身材好像走樣了。

　　不必對一位媽媽說，你的生活好像每天都在重複。

　　以上所有一切的改變，其實不必別人提起，媽媽們都知道。媽媽們需要沒日沒夜地照顧孩子，誰的樣子還能不憔悴。雖然有些媽媽們沒有上班，但待在家裡也需要全天待命，責任也沒有比較少。

　　雖然媽媽們可以出門聚會的時間變少了，但能和孩子相處的每一天每一秒都很可貴。雖然當媽媽後甚少花時間在打扮上，

但生活上的蛻變讓媽媽們多了一份成熟和魅力。雖然好像每天過著重複的生活，但對於媽媽而言，每一天就像是新的挑戰，能夠參與孩子成長的每一刻，都會是人生最大的成就。

育兒這條路不簡單，有些看似無心的對話，裡面卻藏著嘲諷和挖苦，讓人聽了不太好受。多點鼓勵的聲音，不必去嘲諷媽媽們的價值，不必去羞辱媽媽們的外貌，不必去挖苦媽媽們的生活。每個媽媽都不完美，每個媽媽都在努力。其實大家所說的這些「當媽媽後的改變」，媽媽們都知道。

與其對朋友說：「當了媽媽後，你變了⋯⋯。」不如對她說：「你已經做得很好了！」因為她可能不知道，或者太久沒有被鼓勵了。

12. 不想跟老公伸手要錢，想要經濟獨立

現在當全職媽媽，還有設定「標準」：她們不只需要會煮飯，做家事，顧小孩，還需要會賺錢。最近有位媽媽問我，覺得全職媽媽適合什麼網拍？我認為其實賣什麼產品都不是重點，只要是選擇自己喜歡或合適的方式來經營就好。

但這位媽媽表示其實自己不是很喜歡做網拍，對於經營生意也不怎麼感興趣。只不過她覺得現代的全職媽媽必須要有「兼職」，這樣才不會成為別人口中的「懶惰媽媽」。

欸，怎麼又是全職媽媽中槍呢？

原來這位媽媽在生了第一個小孩後，就離開了職場成為了全職媽媽，打算全心全意陪伴和教養孩子。但卻老是被「別人」說：「女人就該有自己的事業，不要時常花老公錢。女人就該自己學會賺錢，經濟獨立不靠老公。」一開始，她想法堅定，覺得自己可以勝任全職媽媽的工作，也很想參與小孩成長階段

的每個第一次，卻因為「別人」不負責任的說法，讓她決定放下孩子，出去賺錢。

這句話是：「我覺得跟老公伸手要錢的樣子很難看。」

所以，她決定重回職場，將小孩交給保姆照顧。這時候卻又有「別人」不滿意了。「別人」認為現代年輕媽媽可以一邊持家，一邊在家工作。他們勸她離開職場，做個「勤勞的全職媽媽」；在家顧小孩的同時，也經營網拍，就像誰誰誰家的老婆一樣，誰誰誰家的媳婦都這樣做。老公也贊成這樣的做法，所以，現在的她正煩惱該做什麼樣的網拍。

難道，全職媽媽要分擔的事情還不夠多嗎？她們每天要做的事情很多，卻永遠也無法滿足所有人。她們放棄了工作，全心全意照顧孩子。她們放棄了薪水，無怨無悔教育孩子，換來的卻是「別人」口中的懶惰？沒用？不上進？

有人說，媽媽經濟要獨立，卻很少說家事必須分工合作。

有人說，媽媽伸手要錢的樣子很難看，卻沒說媽媽無私奉獻的樣子有多好看。

他們說，別只會在家待著，要做團購或網拍幫忙賺錢。為

自己，為家裡，為了孩子，要時常增值自己，要創造自己的價值。但他們都忘了，人的價值，不一定是要用「賺多少錢」來衡量的。全職媽媽放棄了職業上頭銜，不代表放棄了自身的價值。全職媽媽沒有打算經營副業，不代表沒有了自己的人生態度。每個人都有不同選擇和堅持，而她們也只是選擇了在這段回不去的時光，盡可能地堅持給孩子最好的陪伴。

孩子的成長只有一次，選擇以什麼方式來陪伴孩子，也真的只有自己可以決定。但確定的是，當了全職媽媽並不代表放棄了自己的人生，而是讓孩子參與自己的人生。

別因為「別人」的一句話，讓自己錯失了和孩子這些年的珍貴時光。他們說老婆伸手要錢的樣子很難看，可是老公和自己老婆都要計較家用的樣子能有多好看？最後我和那位媽媽說，請務必堅持自己的立場，不必為了「別人」而改變了自己想要的人生，這是不值得的。

而我也想在這裡告訴所有媽媽：「你其實很棒，很勇敢。」因為不是每個人都有勇氣當「全職媽媽」。

13. 怎樣才不算是個失敗的媽媽？

在別人眼中，家裡很亂，你是個失敗的女人；

在別人眼中，老公小孩生病，你是個失敗的老婆；

在別人眼中，碗盤沒洗，你是個失敗的媽媽……。

最近收到一位 A 爸爸的私訊，問我：應該怎麼做才能彌補老婆？故事是這樣的。

一位親戚來到 A 的家裡幫忙修理家具。他看見 A 的家中地上全都是玩具，早餐的碗盤也都還沒清洗，然後看見 A 的老婆匆忙趕著出門，就奇怪地問他：「她趕著去哪裡？」A 說老婆跟朋友有約趕著出門。

親戚就搖頭說了句：「你不是感冒才剛好嗎？她怎麼不留在家裡照顧你呢？還要你幫忙看孩子？」A 聽了立刻回答說：「老婆在上個月已經和朋友們約好了，而且身體已經痊癒了不

需要別人照顧。」還反問親戚說：「孩子也是我的，怎麼是變成我幫老婆看孩子呢？」

親戚繼續笑笑說道：「家裡那麼亂，老公吃的碗盤還沒洗就要趕著出去玩，現在的年輕媽媽好像都比較好命，也比較懶惰，你身為媽媽和老婆很失敗哦？哈哈哈！」這句看似有意無心的話，背後的明顯是滿滿的諷刺和批評。

A 的老婆聽了沒說什麼，只是笑笑地出門了。這時候 A 很不滿地說了句：「講話別太過份！」親戚也只是笑笑表示：「開玩笑！別在意。」但 A 意識到大家理念不同，也沒繼續說下去。

A 爸爸在訊息裡透露，他感冒那幾天的晚上都是老婆一打二，半夜起身幾次餵小寶，第二天把孩子們送到保姆家後再上班。她自己也已經很久沒和朋友聚會。這次也是 A 勸她去和朋友聚聚，讓老婆可以放個小假。雖然當晚老婆回家後，狀態也和平時一樣，可是 A 覺得被別人這麼說，她心裡肯定不好受，所以問問看可以做些什麼來彌補老婆？

我只是回答 A 爸爸：「你什麼也不用做，繼續做個尊重老婆，會互相分擔的老公就好啦！」

因為我覺得，對於一位媽媽／老婆來說，她們需要的不是別人的稱讚，而是另一半對自己的尊重；如果另一半不懂得對自己好，別人說的一千句好話也沒用。相反，如果另一半懂得呵護自己，互相體諒，互相尊重，別人說的一千句壞話，真的也只是廢話。其實夫妻之間的付出和辛勞，只要對方互相理解和包容就足夠了。外人說的話，大可以當作笑話來聽就好。

　　把時間留給自己，把愛分給自己，並不代表你是位失敗／懶惰的媽媽，相反的，在孩子眼中，你是個教會他如何「愛自己」的媽媽！而懂得互相尊重的伴侶，才是真正神隊友。

　　又或許，所謂的人生「失敗」不是在於有幾個碗盤沒洗，而是，你有沒有真正為自己的快樂負責過？

　　他們眼中的「新時代媽媽」，你需要保持家裡整齊，你需要打扮維持感情，你需要打理日常開銷，你需要煮飯曬衣洗碗。在外，你需要維持你的社交圈，你需要有工作有副業有上進心，你需要化妝保養了解時尚話題，你需要定時做運動保持好身材。

　　在教育裡，你需要看書，了解時事，廣泛自己的視野。你

需要冥想，有目標，有憧憬，時刻提升自己。你不能讓小孩看電視玩電子產品，這是你的職責。你不能生氣崩潰大哭影響小孩情緒，這是你的責任。你必須要會照顧小孩，你必須要會教育小孩，因為你是新時代媽媽。

他們忘了，媽媽和其他人一樣，一天也只有 24 小時，媽媽也是需要睡覺的。就算媽媽們多麼努力地去做好每件事，若有一件事情做不來，若有一件事情出差錯，他們會說：「現代的媽媽都是這樣，為什麼別人可以，你不行？」

一位 C 媽媽對我說，前陣子因為要照顧小孩和兼顧工作導致睡眠不足，差點出車禍。小孩半夜有時候會驚醒哭醒，都是媽媽自己起身哄睡。早上 7 點送小孩去保姆家，再去工作，下班後去保姆家接回，回家開始煮飯顧小孩做家務。

問過 C 媽媽，為何不讓老公分擔家務？她說雙方家人認為，這是「媽媽的責任」，就連自家的媽媽也覺得當媽媽就該這樣，不能懶惰。但經過那次差點出車禍的事件後，才發現這樣的日子過得不是「充實」，而是「累死」。

媽媽每天要做的事情很多，卻永遠也無法滿足所有人。放棄了陪伴，不夠；放棄了工作，不夠；放棄了夢想，不夠；放棄了自己，嗯！「當媽媽就是要這樣⋯⋯。」

　　別讓人家的嘴來決定你的路該怎麼走，你必須要學會照顧自己。你不必當個新時代媽媽，你只需當個幸福的媽媽。媽媽們，你需要喘一口氣，你需要睡個好覺，你需要幫忙；又或許，真的，你只需要讓自己好好休息。

　　媽媽是一個需要休息的超人。

14. 學會當個不解釋的媽媽

當媽後，很多事情我都不想解釋了。

有人說我是懶惰媽媽，我說，隨他吧！

有人說我是寵娃媽媽，我說，隨他吧！

有人說我是失敗媽媽，我說，隨他吧！

別人說我不會當媽媽，我說，隨他們吧！

孩子是自己生的，所以別讓其他人教你怎麼帶孩子。孩子是自己養的，所以別因其他人的意見感到焦慮。總是在道德綁架的人，總是在隨便批評別人育兒方式的人，算了吧！他們都不是出自於「關心」。當媽媽的方式有很多，所以無需向別人解釋自己的育兒方式，因為他們都不是你孩子的媽媽。

學會當個不解釋的媽媽吧。與其去猜測別人的想法，不如，把心思花在自己的生活上，與其去擔憂別人的看法，不如，把

時間花在陪伴和教育上。當你把時間和精神都放在自己想要的事情和愛的人身上，你會發現，原來活得開心，比活在別人的嘴裡更重要。

　　媽媽的身分不需要被定義，因為媽媽的愛是無界限的。別讓其他人的言論質疑你媽媽的身分，別讓其他人的嘴玷污了一個家的幸福。有些事情不必解釋，自己理解就好。一個幸福的家，不是忙著向別人解釋自己如何當媽媽，而是向自己交代，如何讓自己當個「對自己好」的媽媽。

送給不活在別人嘴裡媽媽們的 12 句話

① 育兒從來沒有對與錯，只有後果。

② 不要讓「自我」掩蓋理智，不要把「無知」當作真實。

③ 很多時候不是媽媽承受得太多，只是同理心太少了。

④ 尊重自己選擇的同時，也記得要尊重別人育兒方式。

⑤ 當了媽媽並不代表放棄了自己的人生，而是讓孩子參
　與自己的人生。

⑥ 不必為了「別人」而改變了自己想要的人生，這是不
　值得的。

⑦ 記得把時間留給自己，把愛分給自己。

⑧ 不隨意評價，不隨便干涉，就是對媽媽最大的尊重。

⑨ 學會當個不解釋的媽媽。

⑩ 別讓其他人的言論質疑你媽媽的身分，別讓其他人的
　嘴玷污了一個家的幸福。

⑪ 媽媽們想傳承的，不是血脈，是愛。

⑫ 當媽媽後，請為你的身分感到驕傲。

什麼是婚姻？

婚姻其實就和生小孩一樣，是人生中其中一個重要的章節。「重要」但不是「必要」。很多人認為交往一段時間了，計畫步入婚姻是再正常不過的事情。有人說，婚姻就像有個人陪你分擔柴米油鹽；也有人說，婚姻就是和一個人生活到老。

到了適婚年齡時，身邊就會自然而然地出現很多親朋戚友的問候，大家都突然開始關心起你的感情生活，每個人都可以結婚，但不是每個人真的都可以「準備好了」才結婚。每個人的人生道路不同，婚姻生活自然也會不一樣。

結婚前的相處方式，不一定適用於結婚後，但結婚前所經歷的風雨，就一定會成為婚後彼此互相扶持的能量，或許，不是每個人都適合生小孩，也不是所有情侶都必須結婚。因為只要大家達成共識，有同樣的理念，那麼就沒什麼是必然的。

雖然說，人不一定要結婚，但很多人都曾對婚姻、生小孩有過憧憬，也有人為此感到恐懼。結婚不僅僅是籌備婚禮的事宜，日後兩人的生活方式的改變也必須得有心理準備。聽過有人說，婚後以及有小孩的生活是不能自由出門聚會，不能隨時吃鍋下午茶，感覺很沒趣。哈哈，這點不完全對，也不完全錯。但可以肯定的是，一段擁有互相尊重，互相體諒，互相扶持的優質婚姻，絕對比火鍋下午茶的快樂來得更深刻，更滿足。

無論是婚前婚後的你，看了以下的文章，或許會讓你對現有的感情和婚後生活有新的期待。又或許能讓你更看清婚姻的原貌，才能準備好迎接另一個層次的幸福感。而那些總說「殘酷」是婚姻真正的樣貌的人，或許，是因為他們還未見過「婚姻最美的樣子」。

15. 婚姻裡沒有我應該，只有我願意

曾經聽過一位男生的故事。那天他和朋友聚會，時間晚了，他正準備離開。告訴朋友們：「老婆一個人在家顧小孩，要早點回家了。」朋友們此時都覺得他掃興，說了句：「老婆就應該待在家顧孩子嘛，有什麼關係？」而男生這時候認真地回答：「她不是應該，她只是願意。」

再分享一個故事。我經常在 IG 動態分享日常；記得懷孕期間，貼了一則溫水泡腳的限時動態，拍攝老公幫忙準備小臉盆和溫水，然後幫我按摩小腿的小短片。隔天，收到一位女性網友的提問：「請問老公這樣幫你洗腳，你的親戚家人看了不會說你嗎？」我很疑惑，因為影片是在泡腳，老公是在幫忙加水，沒有「洗腳」；但平時他也是會幫我按摩小腿，避免半夜抽筋；當下也不明白會被別人說些什麼？所以好奇地反問：「昨天小腿有點酸，老公幫我準備好溫水泡腳，他沒有被強迫、威脅喔！

應該沒什麼問題吧？家人親戚會說些什麼呢？」

女生回覆：「哦，如果是我的老公這樣做，肯定會被家人親戚說我怎麼可以讓一個大男人做這些事情。就算我老公有幫我按摩頭部，我也不敢拍出來。就算懷孕也不行！」後續我就不說了。但我認為如果兩個人的相處模式還需要考慮到別人的眼光，那麼這段感情注定很煎熬。

因為一段感情裡，光是要照顧兩個人的感受已經不簡單了，如果還要去在乎別人的感受和想法。這不是談戀愛，不是婚姻，更像是「作秀」。每個人的相處方式，每個人的感情生活肯定是不完全相同。但你的婚姻，你的愛情不應該讓別人定義這段感情的價值。

除非你很享受目前的感情模式，但如果……。

你總覺得自己不被珍惜，

你總覺得自己沒有被尊重，

你總覺得自己只是單方面付出，

你總覺得自己在感情裡很卑微，

那麼問問自己，你有尊重過自己的價值嗎？還是覺得你所做的一切都是應該的？

你覺得懷孕生小孩受的罪，是應該的。你覺得一人扛完所有家務，是應該的。你覺得日夜顛倒照顧小孩，是應該的。你覺得為了家庭沒有社交，是應該的。

不斷地讓別人來評價你的生活，不斷地讓自己受委屈，不斷地自以為偉大的犧牲，到最後，別人大概都覺得是「這是應該的」。這種「應該」的家庭設定，然後演變成下一代也必須這樣，也覺得別人要和你一樣，做著「老婆，女人，媽媽」應該做的事情，但即使做了很多應該做的事情？都不應該被另一半疼愛嗎？大家真的都不會累嗎？

「願意」借錢給你 和「應該」借錢給你，這樣形容，看得出差別？很好笑的是，別人很常在婚姻裡把「應該」和「願意」搞錯了。

她願意洗衣做飯顧小孩，不是應該。

她願意早上工作晚上餵奶，不是應該。

他願意任勞任怨工作辛苦賺錢，不是應該。

他願意下班後花時間陪老婆小孩，不是應該。

「願意」是因為值得，「願意」是為了我愛和愛我的人。

所以，不要再讓「別人」來定義你的老公應該做什麼，你的老婆應該做什麼。一段幸福健康的婚姻，或許是先從「願意」分擔責任開始。誰也可以出門賺錢，誰也可以在家顧小孩，誰也可以寵愛對方。疼愛對方的限度，也不必讓別人來侷限。彼此互相扶持，互相依靠，互相尊重，這樣的婚姻，才真的就值了。

那如果你問我，婚姻裡，雙方都不願意付出，那麼誰「應該」付出？那就不要結婚吧。因為婚姻裡，沒有誰應該做些什麼，只有「願不願意」。

就好像，當初結婚時，彼此所說的：「我願意！」

16. 沒有錢可以結婚嗎？

有些人會說，結婚兩個人相愛就好，何必談到金錢那麼勢利。或許，愛情真的可以不必談錢，但婚姻不行！連錢都不敢談的婚姻，建議還是先不要成為夫妻，因為婚姻生活談的不再是甜言蜜語，還有柴米油鹽。

他們說，結婚要找個三觀（世界觀、人生觀、價值觀）合得來的人，而一個人對金錢的態度，也正是映照著他的三觀。他們說，錢會引起很多衝突，但很多矛盾，不是不談錢就能避免得了。結婚不是要你多富貴，談錢也不是說要你多有錢，但如果是一位連談錢都有所顧忌的伴侶，那以後還有什麼事情能夠攤開來商量呢？

結婚不再只是承諾，結婚是一個責任。有人說，和你談錢的人，不一定愛你。那不和你談錢的人，真的已經準備好和你共度餘生了嗎？連錢不想談的婚姻，真的會有共識嗎？你說談

錢很現實，但水費，電費，保險，車貸，房貸和生小孩樣樣都很真實。

別和一個沒有規劃的人結婚，別和一個愛找藉口的人結婚，別和一個沒責任心的人結婚，別和一個連錢都懶得和你談的人結婚。你說只要有愛情就能結婚，你說就算不上進也沒關係，你說大家一起簡單的生活，沒錢也無所謂。

生活從來不簡單，沒規劃，不打拼，不談錢，何以維生？愛是永恆，生命有限。再怎麼愛也是要吃飯的。可以接受你沒錢，但無法包容你的懶散。因為婚姻，是兩人分擔，不是獨自承擔。

其實結婚，最重要的不是錢，而是兩人準備好擔起照顧一個家庭的責任，談錢，是因為不想將來彼此的婚姻經不起金錢的考驗。

來一場談錢不傷感情的婚姻，你願意嗎？

It's never about money. It's about responsibility, commitment, and goal. Don't start a family early, start your marriage right. Be wise, be happy. 但願彼此一起努力過幸福生活。

17. 沒錢可不可以生小孩？

開始進入婚姻，要面對的第一個難題，被人家常追著問的話題就是：「幾時生小孩？」有些人會回答：「事業還不穩定，還在計劃中」；有些人會回答：「想先享受二人世界」；但他們會回答說：「生小孩要趁年輕生」；他們會說：「以前我們沒時間、沒錢生小孩，但小孩也是長得好好的，孩子自己會帶財來的。」

不懂其他人的想法是什麼，但是我覺得孩子不是一種選擇，而是一個責任。聽過有人說，養孩子很簡單，三餐可以溫飽，有屋瓦可以遮頭，孩子需要的就只是這些？！但現代孩子需要的，遠遠超過這些，時代不一樣，以前的想法不能套用在今天。

以前的人讀書是去學校上課，現在的疫情處境，孩子必須在家上網課。大多數的現代人，追求的是生活品質。不能給孩子最好的，也會想辦法給孩子「需要」的。正如電腦就是現代

孩子的必需品，擁有一台電腦在很多家庭裡是稀鬆平常。但對於某部分家庭來說，電腦會是個很大的負擔。

養孩子需要負起責任，但這裡所說的「責任」，不只是基本衣食住行。父母還要為孩子的身心負責，愛、時間、教育和融洽的親子關係，這些才是孩子「最需要」的東西。父母很忙，每天工作，沒時間陪小孩；但時間嘛，擠一擠就有，就看你願不願意。可是，沒錢就是沒錢，三餐都成問題的自己，要如何去關心孩子的心靈、思維和身心健康？或許這樣說很「現實」，但現實不會跟你假裝，無力撫養，沒空教育，把孩子匆忙地帶到這個世界上，到底是為了什麼？

做好生孩子的規劃，不是焦慮，不是所謂的「想太多」。生孩子不是要你多有錢，可是連最基本的教育和生活條件都無法給孩子，總是以「養兒防老」或者「全家靠這孩子了」的觀念來生小孩，還是算了吧！別人或許會說：「即使沒錢，生出來的小孩也會有出息」；但看過很現實的一句話，「有錢不一定幸福，但幸福的人，一定不缺錢。」小孩沒有選擇父母的權利，但大人有權利選擇要不要生小孩。

不要為了寂寞而生，不要為了年齡而生，

不要為了別人而生，不要為了衝動而生。

生小孩需要承擔，也必須負擔得起。

　　有了基本的家庭環境和良好教育，我們才能照顧好這份來自上天的禮物。他們說養孩子很容易，但我說教出一個「不缺愛」的小孩不容易。所以別再叫別人快點生小孩，別再叫別人快點生二胎。有計劃沒什麼不好，遲生小孩沒什麼不好，他們也只是盡可能想給孩子「需要」的，他們也只是盡可能想當個「負責任的父母」。

　　最大的原因不是錢，而是你準備好負責了嗎？負不起養孩子的責任，就不要隨便說生孩子；可以不是最好的爸媽，但必須當個負責任的父母。

　　祈願每個生命都可以被尊重。

18. 你應該生幾個小孩？

有人問一位男生，希望自己的老婆生幾個小孩？男生回答：
「這要問問我老婆，她想要生幾個就幾個。但就算不生，我也
不會有意見，因為身體是她自己的。」不知道為什麼，聽完了
這男生的話，頓時覺得這回答有點浪漫。

為什麼要生二胎？這是很多二寶媽常被問到的問題，有些
媽媽的答案是：「想讓大寶有個手足」、「我們夫妻都很喜歡
小孩」、「為了想要一個男孩/女孩」、「二寶是意外的驚喜」
等等。

不管懷二胎的原因是什麼，這都是媽媽或者一個家庭的事
情，是上天給的美好禮物。但是，時不時還是會聽到一些媽媽
的無奈，在懷二胎被問奇怪問題，還真的不懂怎麼回答。

你怎麼又懷女孩/男孩呀？

又是女孩/男孩哦？這樣你要繼續拚第三胎了！

你老公會不開心嗎？又懷女孩／男孩！

應該要生個男孩，以後可以照顧家裡！

應該要生個女孩，比較貼心！

媽媽不是神，不能決定生男生女。有些人是出自於好奇，有些人是出自於關心，而有些人真的只是出自於八卦。雖然現今父母對於生男生女的觀念已經不再像從前封建與刻板，很多人都認為孩子的健康最重要。但曾經有位媽媽告訴我，她因為生小孩而感到壓力。她被問過類似的問題：結婚一年還沒考慮生小孩嗎？打算生幾個呢？要生一男一女才完美喔！

某些不請自來的意見和言論，無論是來自親戚或者朋友，會不知不覺地為媽媽們添加了不少心理壓力。有時候覺得生孩子，就像是滿足別人的要求？娘家希望我生二胎，老公希望我生女兒，婆家希望我生兒子，誰誰希望我繼續生。但很多媽媽卻忘了，其實想要生幾個孩子，要讓自己決定。因為懷孕的人是你，孕吐的人是你，吃藥的人是你，哺乳的人是你，承受風險的人是你，忍受九級痛／肚皮開刀的人是你，而重點是身體也是你的。

沒有人有權利告訴媽媽們「你應該生幾個小孩」，自己的身體，自己決定。因為要承受一切的不是別人，是你自己。無論是一胎，二胎，或者更多胎，媽媽們想要傳承的不是血脈，而是愛。

19. 你不需要有條件，才值得被愛

$\blacktriangledown$ $\blacktriangledown$ $\blacktriangledown$

　　有人說，男人必須要有錢，女人才會喜歡你。有人說，女人必須長得美，男人才會喜歡你。也有人總說，這輩子要找個可靠的另一半，要找個可以照顧自己的伴侶。這些擇偶的「條件」，就是喜歡一個人的「理由」嗎？

　　這樣的愛情就好像買保險似的，到最後，也只是為了保障「自己」。當然，保障自己沒有錯，愛情裡，兩個人各取所需沒什麼不妥。但如果，有一天那個讓你喜歡他的「理由」不在了，你還會喜歡他嗎？例如，你嫁給他是因為有穩定的收入，但如果有一天，他遭到裁員，你會選擇離開他嗎？

　　有人說，生活是現實的。那麼，換成是你自己呢？如果這一天你什麼也沒有了，毀容了，沒錢了，憂鬱了，任何可以讓另一半「喜歡的理由」都不在了，你真的希望他離開嗎？

喜歡你的人，在你的風光時離不開你，愛你的人，在你落難時對你不離不棄。

他們說，要把自己變得有「條件」。別人才會喜歡你。卻忘了，若有天你一無所有，別人是否也會「愛你如初」呢？很多人說，女人怕熬苦，所以都會選擇有錢的。卻很少人提起，女人陪男人一起打拼，租屋到買樓買房，脫貧致富的故事。

也有人說，男人喜歡新鮮感，所以要保持身材美貌。卻很少人看到，男人不在乎女人外貌身材的時候。產後身材走樣，頂著黑眼圈，樣子蒼白，但男人還是覺得自己的老婆最美，大家一起分擔顧孩子的責任，大家一起走過婚姻的每個階段。

這世界上，很多人覺得你必須具備「條件」，才可以愛人，才值得被愛。你以為要很優秀，別人才會愛上你；但愛你的人不是因為「你是誰」，而是無論「你成為誰」，他們依然會很愛你。

所以不要再說，誰必須要有房有車有未來，誰必須聽話會做飯有身材，這些都不是「被愛」的理由。把自己變好，為生活奮鬥，從來不是為了別人而努力，也不是為了成為讓別人「喜

歡」的理由。你可以努力打拼，也可以悠閒過日子，只要，這一切是你想過的人生，只要，你沒有傷害愛你和你愛的人，那麼，愛你的人，終究會愛你。

有人愛你，因為你體貼，
有人愛你，因為你善良，
有人愛你，因為你有錢，
有人愛你，因為你有房，
但某些人單純地因為你的存在，而感到快樂。

別總是認為自己不配，優秀和被愛是兩回事。別總是努力成為別人喜歡的樣子，請盡力活出自己「想要」的樣子。因為有些人愛你，就真的只是因為「你是你」。

20. 我在你身上看不見未來

有個女孩說，她想和現任分手。原因是女孩在男孩身上看不到「未來」。在暢銷書《祕密》的內容裡，看過這麼的一段話：「想像你需要在晚上開車去一個地方，車燈只能照亮前方30至50公尺的道路，路途中，你無法看到全程，你無法看見那個的地方。但是最終靠著車的燈光，你還是會順利到達目的地。」

或許，兩個人在一起需要的不是對未來的憧憬。而是「計畫」和「共同目標」。無論是情侶，還是夫妻，無論是買房子、創業，還是計畫環遊世界，如果大家有規劃，如果大家都朝著共同的目標前進，一起靠著彼此創造的那道光，攜手走向同一個方向。即使未來總是那麼模糊不清，我們也能為清清楚楚的現在努力。

我們不是看不到未來，只要彼此願意一起奮鬥，只要彼此都願意珍惜這段感情，以後，一定會有屬於我們的「將來」。

結婚前，在曖昧的時候，會說最感人的話，做最溫暖的事。結婚前，在追你的時候，會對你各種包容，各種體諒。結婚前，剛在一起時，承諾不會讓你受委屈，不會讓你受傷害。但時間久了，日子長了，婚前說過的沒關係，婚後變成了「你無理取鬧」；婚前說過「有我在」，婚後變成了「你不懂事」；婚前給過的安全感，婚後只剩下「是你太敏感」。

或許是因為得到了，所以什麼都變得無所謂。或許是因為擁有了，所以什麼都變得有點介意。或許無論是婚前、婚後，大家想要的不是那一瞬間讓人心動的承諾，而是那實實在在讓人心安的陪伴，那確確實實付諸行動的真心。

又或許，婚姻裡最美的愛情是不必事事讓著對方，但要懂得在乎彼此的感受；不必認同所有事情，但必須給對方該有的尊重；不必把對方捧在手心裡，但別把另一半的付出當作理所當然。

婚前細心呵護，婚後也必須用心經營。

有人說，看到一個男生冷漠的樣子，是在他不愛你的時候；有人說，看到一個女生懂事的樣子，原來是在她不再屬於你的時候。大家都不要等到失去了才懂得珍惜。

21. 找一個懂你的人結婚

有人說，要結婚就該找個懂你的。但他懂你，他明白你，就真的代表愛你嗎？有多少人的愛情和婚姻，都敗在了這句話：「你不明白，你根本不懂我！」但很多時候，大家糾結的到底是「不明白」，還是「不願意」？

總是覺得別人「不明白」你的感受，總是覺得對方「不了解」你的處境。其實我覺得，世界上沒有所謂的「明白生活」，只有「體驗生活」。你必須知道，沒有人能夠完全明白另一個人的想法，沒有人能夠完全了解另一個人的感受。

他說，只不過是待在家顧個孩子，有那麼委屈嗎？

嗯，他不明白。

她說，結婚必須有車有房有保障，有那麼為難嗎？

嗯，她不明白。

有些人不明白，一個全職媽媽的無助和辛酸。有些人不明

白，一個單方面苦撐的承諾，只會帶來無限的壓力，然後隨時爆發。有時候會覺得，別人根本不明白自己，即使是那個朝夕相處，最親密的人，也不了解自己。

你說，孕吐很辛苦，生孩子很痛，但老公不明白，其實他當然不會明白，因為他無法體驗你所經歷的；你說，工作很花時間，被上司責怪很受罪，但老婆不明白，其實她當然不會明白，因為她不曾接觸你的工作性質。

事實是，即使兩個人經歷了同一件事情，大家也不一定會有同樣的情緒和感受。但是，這些都不重要，就算你沒辦法明白對方，就算你沒辦法體驗這件事情，重點是，你有想為對方做些什麼嗎？

舉個例子，A 看到一位小孩沒飯吃。A 覺得小孩很可憐，但事實是，A 是無法完全明白或者體會小孩的處境。A 無法替小孩流浪，無法替小孩挨餓，無法承受他的心靈之苦。但 A 可以向相關社福機構尋求幫助，A 可以買食物給小孩，A 可以嘗試幫小孩找一個安全的家。這就是可以努力為對方做的事，即使他不明白，即使他不曾體會小孩所經歷的痛。

其實，每段關係，每段感情也是一樣。大家都沒辦法真正體會到對方的經歷和感受。如果不能體驗另一半的痛，可以嘗試「體諒」；如果不能體會另一半的苦，可以嘗試「體貼」。

　　老婆半夜擠奶很辛苦，老公可以幫忙餵奶，換尿布。老公被上司責罵很壓力，老婆可以當個聆聽者，適時陪在對方身邊。只要彼此都肯參與對方的生活，只要大家都願意互相體諒，即使雙方不能完全明白對方的經歷，但至少，彼此努力著。

　　因為，重點不是對方明不明白你的感受，不是對方懂不懂你，而是對方願意為你做些什麼？

送給每一段「我願意」的婚姻的 11 句話

① 結婚不再只是承諾，結婚是一個責任。

② 談錢，是因為不想將來彼此的婚姻，面臨金錢的考驗。

③ 生小孩需要承擔，也必須負擔得起。

④ 你不需要有條件，才值得被愛。

⑤ 喜歡你的人，在你的風光時離不開你。愛你的人，在你落難時對你不離不棄。

⑥ 愛你的人不是因為「你是誰」，而是無論「你成為誰」，他們依然會很愛你。

⑦ 別總是認為自己不配，優秀和被愛是兩回事。

⑧ 別總是努力成為別人喜歡的樣子，請盡力活出自己「想要」的樣子。

⑨ 如果不能體驗另一半的痛，可以嘗試「體諒」。如果不能體會另一半的苦，可以嘗試「體貼」。

⑩ 重點不是對方明不明白你的感受，不是對方懂不懂你。而是對方願意為你做些什麼？

⑪ 婚前細心呵護，婚後也必須用心經營。

Chapter 5

婚後的生活

我們總會幻想結婚後的幸福畫面,兩個人一起下班,一起做飯,一起分擔家務,一起出門逛街看電影。直到有小孩,彼此一起當爸媽,一起育兒,一起享受親子樂。生活中有苦有甜,當然婚姻也是如此。

婚前,大家會有意見不合的事情,婚後當然也會有爭執的時候。婚後的你們還是你們,只是身分變了。你們是夫妻,是爸媽,是一個家的守護者。婚後的你們,未來所做的決定不再是一個人的事情,要考量的事情變多了。有人會覺得婚後的生活需要承擔的責任變多了,但也要相信婚後的日子會有更多的擁有。

不是所有婚姻都會幸福,但也不是每段婚姻都會後悔。以下幾篇婚後的生活故事,裡頭或許有你熟悉的場景,有甜、有鹹、有快樂、有心酸、有期待和失望。但請記住,婚姻不需要對方過度的犧牲,只願彼此能適時關懷。

22. 態度決定婚姻的溫暖度

♥ ♥ ♥

很多時候，婚姻不是一個人說了算，但一個人的「態度」可以說算就算。

在婚姻裡，你是 A 還是 B？

一對夫妻準備出席朋友婚禮，今晚老婆盛裝打扮，問老公自己看起來如何？

A 說：「哇！生了 4 個，還學別人穿露背晚禮服，身材又不是很好，你哪來的自信？」

B 說：「沒看見什麼差別，一如往常是我漂亮的老婆。幫你拿了件外套，待會不要著涼了。」

長期待在一段被嘲諷羞辱的關係裡，毀掉的不只是自信，還有自己。請別把最難聽的話說給最親密的人聽。

夫妻下班回家，老婆急忙做了晚餐。夫妻吃完晚餐後，老婆準備洗碗。她提醒老公記得把那堆髒衣服放進洗衣機。10分鐘後，髒衣服依舊在原位。

A說：「幹嘛？洗衣機又不會跑掉？我待會再洗嘛，你自己也可以順手把衣服丟進洗衣機啊。上班很累，玩手機放鬆一下，別一直叫我做些瑣碎的事情。」

B說：「吃完晚餐後，碗我先洗，待會再把髒衣服拿去洗。你先去洗澡吧，工作回家又煮飯，辛苦你啦，老婆。」

家事不是一個人的事。因為婚姻不是獨自承擔，需要的是兩人一起分擔。

老婆懷孕，半夜突然餓醒想煮麵吃，老公沒睡還在打遊戲。

A說：「又餓醒？剛好我肚子也餓了，多煮一包麵給我吧！」（繼續打遊戲）

B說：「是要吃麵嗎？（放下手機）我去煮給你。要加顆蛋嗎？」

婚姻裡，適時的關懷體貼比任何奢華的儀式感來得更加真實暖心。

老公在外和朋友聚會，聊得正起勁，突然收到老婆的訊息說：「孩子發燒了……。」

Ａ說：「如果不是發高燒？明早再帶孩子看醫生吧，現在很晚了。難得今天老朋友聚會，我沒那麼早回家。」

Ｂ說：「我現在馬上回家帶孩子看醫生，你先準備好，我回去接你。」

最美的婚姻不是隨傳隨到，而是發生事情的時候，我有你，你有我，可以依靠。

老公升職加薪了，買了款包包送給老婆。

Ａ說：「這款包包已經過季了欸，閨蜜的老公買了個新款給她，還是別人家的老公用心。」

Ｂ說：「你怎麼知道我喜歡這款包包？謝謝你！老公最棒了！今晚我煮大餐，慶祝你升職哦！」

在婚姻裡，大家都可以有各自的要求，但別忽視另一半的付出和努力。

今天是老婆生理期的第一天，晚餐後，想讓老公洗碗，晾衣服，做家事。

A 說：「我好累啊，明天還要加班。不過是來生理期，別太矯情了，洗洗碗和晾衣服而已，應該還好吧！」

B 說：「今天是你生理期的第一天，別洗碗了，會冷著雙手。你去休息吧，待會我晾衣做完家事後，準備溫水給你泡腳。」

夫妻相處，或許彼此都能體諒對方的不細心，卻不能原諒另一半的不關心。

有些時候我需要幫忙，你卻說你很忙。

有時候孩子是我們的，你卻總要他去找媽媽。

有時候多了些莫名的壓力和無助，你總說我想多了。

有時候我要的不是儀式感，而是存在感。

有時候我以為我值得一句「辛苦了」，

換來的卻是「別太矯情了。」

有時候你說你懂我的好，

但，卻不懂得怎麼對我好。

兩個人相約未來幾十年的路要一起走，中間怎麼可能會沒有埋怨，沒有摩擦，沒有糾紛呢？

　　雖然婚姻裡，我們各有各忙，但別忘了為彼此加油打氣。雖然婚姻裡，我們擁有不同的興趣，但別忘了及時分享彼此的喜悅。雖然婚姻裡，我們都有各自的煩惱，但別忘了大家都會為彼此遮風擋雨。婚姻裡，大家都不怕苦，不怕痛。只怕她的苦，你假裝看不見，只怕他的痛，你假裝聽不見。直到他假裝不了，直到她也受夠了，直到大家都說：「我們還是算了吧！」

　　婚姻裡，其實也無需比較。你覺得別人家的老婆比較溫柔，是因為她的脾氣不是發在你身上。你覺得別人家的老公比較細心，是因為你把心思都放在別人身上。別忘了他從前的溫柔，也別忘了他付出的努力。婚姻裡，我不期望什麼山盟海誓，但願彼此用心經營。

23.鐵扇公主和牛魔王

不知道大家還記不記得「鐵扇公主和牛魔王」的故事？他們是青梅竹馬，從初戀到走進婚姻，一開始，他們擁有別人羨慕的愛情。但在結婚後，牛魔王變成了一個沈迷女色，一個擁有小三，小四，小五的男人。他總是說鐵扇公主是母老虎，一點也不溫柔體貼，當初是瞎了眼才娶了她。後來，唐三藏問牛魔王，「這段婚姻，你後悔嗎？」

牛魔王回答，「非常後悔，恨不得現在就和她分開。」然後名正言順地和小三，小四，小五在一起。唐三藏繼續問牛魔王：「你確定和老婆分開後，其他女人也能一輩子對你溫柔體貼，不離不棄嗎？」牛魔王很有自信地回答道：「會，她們都很乖，而且很愛我，讓我覺得我是一個很棒的男人。」

直到唐三藏和他打個賭，他們將牛魔王變成了一頭「牛」，沒有了法力，沒有了權力，甚至失去照顧自己的能力。牛走到

那些女人身邊表明自己已經失去了一切，但堅信著女人們還是會繼續陪在他身邊。女人們看到牛魔王這副德行，立即露出真面目，嫌噁不止，還對牛爆出惡言惡語，頭也不回，轉身就離開了。

牛魔王這時才恍然大悟，平時吹捧自己有多厲害，有多棒的女人們，沒有了權力，沒有了一切，在她們眼裡，他也只是個一文不值的垃圾。這時候，他想到了鐵扇公主，卻沒有臉回去見自己的老婆。但當鐵扇公主遇到這頭牛，一眼就認得出這是自己的老公「牛魔王」，原以為老婆會嘲諷現在的自己，畢竟他也很清楚自己多次傷害了老婆，但鐵扇公主不但同情牛魔王，還表明會照顧他一輩子，牛聽了淚流滿面。

這時候，牛魔王才驚覺到，原來上天能給男人最大恩賜，不是找到一個賢良淑德、溫暖體貼的老婆，而是，遇到一個在他落魄的時候，依然能夠守在他身邊的「鐵扇公主」。熱情終究會熄滅，愛情卻不會。或許牛魔王渴望的不是熱情，只是忘記了他們之前的愛情，外面的女人們可以陪你風花雪月，卻無法陪你分擔柴米油鹽。

男人總說老婆沒有比小三漂亮，你把給小三的錢，花在老婆身上試試。

　　男人總說老婆沒有比小三溫柔，你把給小三的愛，寵在老婆身上試試。

　　男人總說老婆沒有比小三體貼，你把給小三的時間，和老婆分擔家務事試試。

　　你說女人越寵越得意，我說寵老婆其實很容易。

　　在她失意時，守著她。

　　在她害怕時，抱抱她。

　　在她開心時，親親她。

　　在她委屈時，寵寵她。

　　他們說，女人最幸福的時刻，莫過於找到了一個寵愛自己的人。而男人呢？願你們都能遇到生命中對你不離不棄的「鐵扇公主」，也願全天下的老婆們不會被辜負。

24. 婚姻裡的女人，必須學會忍？

很多人說，婚姻生活如果要長久，就必須要學會「忍」。但卻很少人會提起，「忍」這個字，會帶給你多少傷害。

一位媽媽對女兒說：「嫁人了就要學會忍，什麼事情都可以大事化小，忍一下就會過去了。」

但這位媽媽如今卻後悔了，女兒學會了隱忍，對任何事情都能輕易妥協。但在婚姻裡不僅沒有得到幸福，還受了不少委屈。家事女兒在做，工作女兒在拼，孩子也是女兒一個人在顧，過得就像是偽單親的婚姻生活。

女婿沒在工作，卻常和朋友喝酒玩樂，所有的家庭責任都讓女兒獨自承受。直到家暴的那一刻，女兒才身心疲憊地帶著孩子回娘家。媽媽最終勸女兒離開那個家，心裡更感到後悔莫及。原來女兒單方面的隱忍換來的不是幸福快樂，而是傷痕累累的婚姻。

「忍」下來的婚姻，會幸福嗎？很多時候，女生會被勸說，在婚姻裡要學會「忍」，為了這婚姻，你忍一忍。為了這個家，你忍一忍。為了孩子們，你忍一忍。因為「忍」這個字，多少人被羞辱了，多少人被賤罵了，多少人被暴打了，依然都還在忍？

　　忍出來的婚姻，到最後剩下什麼？你以為「忍」換來的會是風平浪靜，你以為「忍」換來的會是完整的家，卻不知道，這是在拿自己的「餘生」，孩子的「未來」在做賭注。隱忍的婚姻，並不能解決矛盾。這自以為偉大的犧牲，或許能保住婚姻，但保得住自己想要的人生嗎？

　　有的人會說，忍一忍，什麼都會過去的啦！又不是什麼大事！在他們眼裡，出軌、背叛、甚至家暴，都不是什麼大事，都可以忍。他們說忍一下就會過去，就會習慣了。卻沒告訴你，過了大半輩子，才發現自己的快樂和價值都失去了，人生沒意思，最終，甚至覺得後悔好像也沒意義了。

　　或許有人會說，婚姻不都是要體諒？要包容嗎？那不都是要忍耐。是的，婚姻應該是互相分擔。這裡的體諒／包容和隱忍

是不一樣的。如果對方下班回家很累，躺在沙發要求休息，一天，兩天是可以體諒的。但如果一年 365 天都躺在沙發上玩遊戲，不理家事，不顧孩子。那就不叫體諒，那就是婚姻中的冷暴力。

如果親戚當面批評老婆當在職媽媽沒責任感，只會出門工作不顧小孩，應該辭掉工作，打理家務。老婆反駁解釋幾句，卻被老公當場辱罵說沒禮貌、不尊重長輩。即使老公知道老婆很熱愛這份工作，老公也贊成老婆辭職。那不叫包容，那叫受委屈。

互相尊重彼此的底線和價值，因為或許在婚姻裡，無論男女，該有的不是忍耐，而是底線。凡事不需獨自隱忍，而是雙方坦誠相對。凡事不需事事縱容，而是彼此適當包容。無論晴天雨天，日子一樣要過。但我們可以選擇忍著過，還是笑著過。

最後，故事中媽媽對女兒說了一句話：「親愛的女兒，為了自己，這次你可以不用再『忍』了！」

25. 結婚後，別失去了自己

有沒有發覺到，很多時候導致情侶／夫妻爭執和分手／離婚原因，不是異地戀，不是少見面，而是「他們天天都膩在一起」。很多私底下的另一面，同居後，漸漸地都暴露在另一半的面前：馬桶蓋沒掀起來，牙膏怎麼不擠尾端，碗盤怎麼還沒洗，衣服收了不會摺好，她想要看韓劇，你只想打遊戲，上班好累，回家就臉垮，一個人打掃，另一個人叫不動。

剛開始同居，兩個人每天膩在一起的時光很快樂，一起看劇，做飯，買菜。但時間久了，他們之間的話題不知為何變少了。他也變得不再像以前那樣陪著她，反而晚上很常出去和兄弟聚會。雖然是住在一起，但見男友次數比同居前還少。

曾經，有個人對我說：「我想改變他。」、「我想讓我們的關係變回像從前一樣。」

其實她都比男友早下班。她都在等他回家，有時候會做飯

等他回來。或者是滑手機，看電視，每天都期待他可以早點回家。但最近很多時候聊天不到十句，又吵了起來，吵的都是一些瑣碎家務和生活習慣的事情。她也有試過和他溝通，希望他可以早點回家，多陪她。可是說了，也不見得有改變。

她委屈地說，她不想走到分手那一步，可是她也不想繼續維持這樣的生活。老實說，當下我不知道該如何回答。同居生活，難免會有摩擦。但當發生爭執後，如果有一方不願意去溝通，選擇逃避問題，繼續裝傻，那麼彼此的裂縫只會越來越大。當一方很想解決問題，另一個卻選擇無視，就會演變成「他變了」或者是「我改變不了他」，很多婚姻也都有類似的問題。

我告訴她：「那不如你先嘗試改變？」起初，她不能理解，還有點生氣。因為她覺得怎麼要改變的是她？不是男友？明明是男友很少在家，明明她都一個人承擔煮飯等所有家事，這些都還不夠好嗎？怎麼現在變成要改變的是她呢？

我解釋道：「要改變的其實是你的生活，不是自己。」還沒同居前，她都有在學舞蹈。可是同居後，新家離上課地點有段距離，所以她都沒去上課了。下班要趕回家裡打掃，做飯，

然後等男友回家，也減少了和同事朋友聚會的次數，生活節奏變得單調，不再忙碌，把全副心思都放在一個人身上。

聽完後，她似乎明白了。之後，她報名了附近的舞蹈課，下班後也不再趕著回家。時間都忙著上班下班、跳舞和朋友聚會。早回家的話，都會研究烘焙，發掘了自己的興趣。把時間花在自己喜歡的事情上，把時間都給了自己。她的精神寄託不再只有男友、家務和等一個人。

她不再抱怨，不再指責。那一陣子，她只是想專注於自己的生活，過好每一天的心情。因為有各自的忙碌，家務事也協議了分工合作，男友也會早回家處理家事，做飯也變得很隨性，某天晚餐來不及煮，小倆口就會叫外送。

她停止了想改變另一半的想法，開始改變自己的心態，改變自己的生活。

她發現家務事不需要一個人承擔，另一半其實也可以分擔。

她發現若給予彼此適當的距離感，關係卻會變得更親近。

她發現如果把生活過得很充實，腦子裡的負面想法和情緒也減少了。

其實，沒有誰應該為你的無聊負責，也沒有誰應該背負著你的情緒。當你把所有的精神和時間，全都押付在一個人身上，只會讓另一半喘不過氣。當你硬把所有的付出都變成「我應該」，變成「你也必須這樣」只會造成不必要的負擔。每個人都需要自己的私人空間，每個人都有自己的獨立思考。你有你的時光，我有我的獨處，適當的獨處時光，並不會讓我們少想念對方。承認吧，所有感情變淡的藉口，不是因為距離，不是因為時間，只是因為他／她不愛了。

　　而婚姻也一樣，兩個人的相處，是分擔，不是獨自承擔。兩個人的空間，是分享，不是彼此分開。改變別人其實是一件很難的事，即使是情侶，夫妻也好，也很難要對方按照自己的意願和習慣去生活。

　　或許，要改變的不是生活習慣，而是彼此對生活的「態度」。只要彼此願意達成共識，只要彼此還相愛，多忙還是會一起處理家事，多煩還是會陪在對方身邊談心。只要他還是他，你還是你，無論各自的生活多麼精彩，卻還是會願意陪彼此走完各自的餘生。

26. 就算是家人，也可以好好說話

有些事情本可以慢慢談，你非得吼著說。

有些事情本可以好好說，你非得大聲說。

有時候不是故意把關係弄僵，而是無法忍受說話的語氣。

明明有求於人，語氣卻不耐煩；明明有錯在先，卻要比大聲。

每當你有求於我，聽到的不是「可以幫幫我？」，而是「叫你做就做啦，問這麼多幹嘛？」每當我不能答應你的要求，聽到的不是「沒關係」，而是「這種小事都幫不了，早知道不要問你」；每當我的處事方式和你不同，聽到的不是「你的想法？」，而是「有人這樣做的？我的方式才是對的。」

每當我們不能達成共識，聽到的不是「我們再想想辦法」，而是「為什麼總是要故意吵架？你就不能讓我好好的？」每當我感到失落心情不好時，聽到的不是「你怎麼了？」，而是「你怎麼就那麼愛胡思亂想？總是那麼敏感脆弱。」

最熟悉的人，是家人；最親密的人，是夫妻。有時候，我們把客氣留給了外人，卻忘了把溫柔留給最熟悉的人。有時候，我們懂得照顧外人的感受，卻總是將最難聽的話說給最親密的人聽。不是因為後輩，就應該被吼罵。不是因為孩子，就理應被打擊；不是因為夫妻，就不需要被尊重。不能因為是一家人，就能不顧彼此的感受。大家需要的其實是鼓勵，不是諷刺；大家需要的其實是關心，不是責怪。

有人說，就算是語氣不好，也必須體諒家人。就算是說話打擊你，也只是另一種關心方式。但是，有沒有想過，沒有人喜歡長期待在「打擊和羞辱」的相處方式裡。為什麼生氣時，大家可以輕易說出傷人的話？但「我愛你」，卻可以忍著甚至一輩子都說不出口？

有時候一句「謝謝」，其實也可以很暖心；有時候一句「對不起」真的可以換來「沒關係」。就算是家人，也可以嘗試好好說話，一句「我愛你」，必須要經常說，因為我們是彼此的家人。

27. 不要以為結婚後，就沒了選擇

很多時候不理解為什麼有些人會說，老公 / 老婆是自己選的，不要埋怨。

「你娶 / 嫁給對方時，就知道他是那副德性。」

「你應該早就知道他是這樣的人，怎麼現在才來後悔？」

但很多人都忘了，婚姻其實是另一個階段。兩人學會一起生活，一起共同建立未來，一起分擔一個家的「責任」。有時候，不是對方在婚前偽裝得很好，只不過，婚姻裡的柴米油鹽、同居生活矛盾、孩子教育的共識、兩家人的相處之道，不得不讓兩人更能看清對方最真實的面目。

不是因為結婚了，就要承受對方的不長進。

不是因為結婚了，就要放任對方糟蹋自己。

不是因為結婚了，就要一昧隱忍遭受暴力。

不是因為結婚了，就要委曲求全失去自己。

婚姻是互相包容，但絕不是獨自隱忍！

一段不幸福的婚姻，也沒必要緊握著不放手，和自己過不去。面對語言、肢體暴力和精神虐待的婚姻，面對著無心經營的另一半，最終得到的也只不過是表面上美好婚姻的假象。如果因為害怕被別人議論，而遲遲不敢放手，消耗的不只是你的精神，也賭上了餘生。不懂得抓住停損點，到最後苦的不是別人，而是自己。

不是因為結婚了，就得選擇委屈。

不是因為結婚了，就得選擇卑微。

不要因為結婚了，你就以為，自己沒有了選擇，因為，委曲求全不是唯一的選擇。

28. 我嫁的是你，不是愛情

這是網友跟我分享的文字。

婚姻裡，安全感你給不了，你說你需要工作。婚姻裡，陪伴你給不了，你說你需要應酬。婚姻裡，平等你給不了，你說那是你爸媽。婚姻裡，保障你給不了，你說那是你的錢。婚姻裡，忠誠和尊重，你都給不了。你唯一能給的，就是當時說爽的結婚誓言。

從前的我，一個人工作，一個人逍遙自在。現在的我，一個人帶小孩，一個人擔起整個家，一個人撐起所有委屈。

一次次的體諒，換來的卻是，心涼。

一次次的隱忍，換來的卻是，活該。

一次次的包容，換來的卻是，無地自容。

網友分享說：「女孩，不要為了婚姻，放棄了自己想要的人生，還賠上了自己的一輩子。」或許除了自己，沒誰能守護

你。或許只有你，才可以保護你自己。結婚後，才發現，最心痛的事實是：「我嫁的只是你，不是愛情。」

女孩，不要為了愛放棄前途，換來的不是感恩，是嫌棄。

女孩，不要為了愛放棄學習，換來的不是體諒，是委屈。

女孩，不要為了愛放棄夢想，換來的不是包容，是羞辱。

女孩，不要為了愛放棄生活，換來的不是幸福，是心酸。

女孩，不要為了愛放棄了自己，換來的不是自由，是自欺欺人。

和一個不心疼你的人結婚，過著是什麼樣的婚姻生活？

就像是你餓不餓，他不關心。就像是你累不累，他不在乎。不心疼你的人，不能說不愛你，只是，這人值不值得你愛？在一段婚姻裡，若一方，不願互相，不願尊重，不願心疼。那麼這段感情還會有溫度嗎？

餓了，吃飯。累了，休息。心情煩躁，待會就好了。所以漸漸地，大家都不再過問對方的日常，每一天都一樣，對吧？

有人說，結婚後變得很無聊。其實只不過是因為你，每天見到對方，卻忘了聊聊彼此的日常和心情。有人說，結婚後變得很無趣。其實只不過是因為你習慣了對方存在，卻忘了，怎麼關心，怎麼心疼對方。

　　和一個心疼你的人結婚，他會懂你痛，她會明白你的不容易，他們會願意分擔婚後的責任。和一個心疼你的人結婚，不會讓你默默承受，不會對你冷嘲熱諷，不願讓你受一點委屈。

　　不心疼你的人，愛不愛你，我不知道。但我知道的是，不心疼你的人，在一起不僅會消耗自己，還浪費了「餘生」。無論男女，在婚姻裡，都切記要堅守忠誠，互相尊重，避免浪費了大家「青春」，辜負了彼此的「餘生」。

29. 你自己要這樣想，我也沒辦法

「是你自己要這樣想，我也沒辦法！」這句話，到底毀了多少關係？

A看見老公下班回家就立刻躺在沙發上滑手機，半句話都沒說。A問老公：「怎麼不先去洗澡，今天工作很累嗎？」老公沒有回應。A再次問道：「不如你先去洗澡？飯菜都弄好了，待會就可以吃了。」老公回說：「行了，我待會自己會吃，可以了吧？」

這時候，A忍不住地抱怨了幾句：「知道你工作很累，但可不可以回到家別只是做自己的事情，一句話也不跟我說？你的態度很冷淡，好像是我做了什麼錯事似的！」老公不耐煩的說：「你可以不要那麼敏感嗎？」

不知道是少了熱情，還是人終究會改變。一個從前會因為A大考失敗，擔心她情緒不好。晚上買了她愛吃的炸雞，陪她

看喜劇看通宵，第二天還照常去上課的人，如今她的心情已經不在他關心的範圍裡，連看，都懶得看一眼。

A這時語帶平靜，問了句，「你是不是不愛我了？」老公說：「你自己要這樣想，我也沒辦法。」

很多時候，明明是對方的態度有問題，自己卻成了那個挑起爭吵的人。

他會說，我都已經順著你了，你還想怎樣？

他會說，你可以不要發神經嗎？為什麼你要這樣亂想？

他會說，今天本來好好的，你為什麼又要吵架？

他會說，我們會這樣，都是因為你太敏感。

他／她會說，你自己要這樣想，我也沒辦法！

原來不被對方重視，是自己多想的。原來對方的態度冷淡，是自己想像的。原來所有的爭執不合，都是自己造成的。明明是你懶惰不想經營彼此的關係，卻說成是對方的問題。

情侶之間，本來就會有不同的想法，夫妻相處，不可能每

次都能瞬間達到共識。意見不合，發生爭執，有時候對方想要的，並不是你的妥協，你的認同，更加不是想要你說「全部都是我的錯，可以了吧？」

如果在意，就不會忽視對方的感受。如果在乎，就不會連解釋也只是敷衍。而且，有時候的爭吵，真的就只是為了讓你，多看我一眼。一段穩定的關係，不是各自回家吃飯沖澡睡覺，不是各自躺在床上背對背滑手機，不是零交流，不是零互動。這不是穩定的關係，這只是「湊合過日子」。

用心經營每段關係，重要的人，值得慎重對待。親密的人，值得耐心經營。別忙著過自己的日子，卻忘了當初約定好，要一起經營幸福過日子。能讓一段關係走到最糟的地步，其實不是大聲吵架，而是「無話可說」。

30. 你不說，我怎麼會知道？

有人說，在婚姻裡，往往能讓對方感到暖心的事，不是在過節過生日時搞大驚喜，而是日常生活中做的小細節。總是聽到很多人說，女生/老婆很難懂，總是不知道她們要些什麼？大家好像越來越不了解對方，大家都過得好累。但有沒有想過，有些時候，不是「你不說，我怎麼知道？」而是「我說了，你怎麼忘了呢？」

她說，下了班，可不可以早點回家陪孩子？

你說，下了班，我去找朋友吃飯喝酒。

她說，下雨了，待會下班可以來接我嗎？

你說，怎麼會忘了帶傘，不想搭公車，就叫車吧。

她說，可不可以先好好說話？

你說，別總是找事情來吵，別總是煩我。

她說，一整天在家帶小孩好累。

你說，一整天待在家會有多累？

她說，好久都沒兩人世界了，

你說，我要上班，你要顧小孩，沒時間。

有人總是埋怨對方什麼都不說，無端發脾氣，鬧情緒，自己被生氣也不知道是什麼原因？但其實是真的沒有原因嗎？

A平時下班都是自己搭公車回家，某天下雨了，想麻煩老公開車來接送。但老公回訊息說今晚要加班，沒辦法接送，先讓A叫車回家；A有些失落，但也體諒老公加班辛苦，只是和老公說：「下次雨天沒加班，記得來接我哦。」這天又是雨天，A今晚要加班，但看見電話有老公傳來的訊息，說道：「今天你加班嗎？怎麼沒回覆信息？下雨了，我待會在你公司樓下等你，下班我們一起去吃火鍋再回家。」

這天是冷冷的雨天，可是心卻是暖暖的。若能用心，即使對方不說，彼此也能感受到這份滿滿的愛，感情都是需要經營的，不是沒說，是有沒有聽見對方的需求。

31. 結婚後，就必須學會省錢？

朋友，最近有一位 X 男生向她訴說，他的前女友很會花錢。成天買化妝品保養品，一點也不節儉，感覺不能娶她當老婆。朋友問：「前女友是花自己的錢嗎？」X 男生答：「是啊，但就算花自己的錢也要學會省錢嘛，畢竟以後結婚了要勤儉持家。」

朋友說，她不認同 X 男生的想法。女生因為嫁人了，就必須節儉少花錢。女生因為結婚了，就必須處處以家為先。女生因為有家庭了，就連花自己的錢都是一種罪。朋友再問，「如果有想過結婚生小孩，可以一起談談未來的財務規劃，不用一言斷定前女友不適合結婚？」X 男生卻說：「我覺得不會花錢的女生比較適合當老婆，可以為家裡節省很多開銷，也不會為了柴米油鹽吵架。」

朋友覺得 X 男生控制欲很強，但我覺得 X 男生的想法其實

沒錯。他知道結婚後，他想要怎樣的生活。他了解結婚後，家裡需要的消費模式。他清楚結婚後，兩夫妻就應該少花錢來維持一個家。X 男生最正確的想法是，他沒有想要改變前女友，他也沒有要前女友和自己結婚。或許，一個男生最體面的分手，就是不強逼女生當個聽話的老婆。

也或許，他知道，女生沒必要把生活品質降低。女生沒必要改變自己的三觀，女生沒必要當了老婆，沒了自己。女生沒必要捨棄自己的喜愛的東西和愛好，就只是為了結婚。

你覺得做月子的錢不能省，他卻說做月子而已不需要花太多錢。你覺得保養品的錢需要花，他卻說錢可以省來下買日常用品。你想繼續讀書，工作賺錢開創事業，他卻說保姆的錢不需要花，留在家帶小孩。金錢觀不合，消費模式不一樣的婚姻，每天活在委屈裡，到最後，自己得到了什麼？

有些人寧願花錢，也不想浪費餘生。有些人寧願省錢，也不想隨意揮霍。每個人的想法都不同，沒有對與錯。只要達到了共識，只要學會了尊重，只要不貶低對方認為值得的東西，只要不總是把那套花錢 / 省錢的觀念強加在對方身上。只要婚

前、婚後，大家都肯好好「談錢」；了解對方的金錢觀，願意建立共同的財務目標，那麼將來這段婚姻也不會因為「講錢」而傷感情。

婚姻裡的財務需要被正視，找個有共同金錢觀的伴侶，不是現實；而是，不想為了以後的日子活得只剩下埋怨。

32. 婚姻的世界只有錢，沒有快不快樂？

你說，別和你談家事誰做多做少，你賺錢很累，很辛苦，回家就只想休息。你也說，錢可不可以省點用？你賺錢很累，很辛苦，能不能不要亂花錢。

這讓我想起從前的自己，結婚前，我一個人工作賺錢吃飯，想吃好的沒人念，想買個東西沒人管。結婚後，我一個人顧孩子做家事。買蔬果會被人念，買玩具會被人念，即使買的東西沒一個是屬於自己的，用錢就會被念。哦，對了，買個東西給自己爸媽嘛，也必須向人伸手。我不和你計較家事誰做多做少，那你幹嘛和我計較錢用多用少？

我說，我想出門工作賺錢。你說，我賺不多，待在家省保姆費。我說，待在家的日子，我不快樂。你說，成年人的世界，只有錢！沒有快不快樂。

看到以上網友分享的文字。相信類似的對話場景都在很多家庭中上演過。

結婚的目的，不是為了以後要計較誰做多做少。

結婚的意義，不是在於以後要計算誰賺多賺少。

如果結婚後，失去決定權，財務被限制，必須忍氣吞聲，獨自承擔，不被理解。婚前的日子，比婚後過得還幸福，那麼還有多少人願意步入婚姻呢？

或許，結婚後，彼此都別忘了聆聽彼此的聲音。別總是說男人就應該賺錢養家，別總是說女人就應該待在家顧小孩。這段婚姻，大家互相理解，互相尊重。女人也可以賺錢養家，男人也可以分擔家事。

理解對方的不容易，聆聽對方的不滿，不控制對方的生活，尊重彼此的決定。出門賺錢不簡單，必須處理各種複雜工作和人際關係。但待在家顧孩子，那種睡眠不足，那種不見天日，那種需要 24 小時隨時待命，那種吃飯上廁所都需要提心吊膽的工作，真的也沒有那麼容易。

每個人都可以上班賺錢，但不是每個人都想當全職爸媽。婚後，大家都不想埋怨，只希望彼此的意願被聽得見。婚後，大家都不想爭吵，只怕彼此看不見自己。婚後，大家願意聽，願意說，願意共同解決問題。這些說起來或許很簡單，但要做，卻很難。將心比心，這無論在什麼關係裡，都很重要。

　　只要彼此都還有愛，只要大家都在乎，只要願意共同討論，只要彼此覺得值得，那麼，這段婚姻還有什麼難題解決不了呢？

　　如果，婚前，我們不要談承諾，婚前，我們不要談天長地久。但在婚前，我們好好談三觀，談財務規劃，談小孩教育，有了相同的金錢觀，有了共同的消費模式，那麼婚後的生活，或許也會減少很多關於金錢花費上的摩擦。

　　談錢不可怕，可怕的是你覺得我的餘生不值錢。

33. 失去新鮮感的婚後生活

朋友分享。最近遇到一位男性朋友 A 遇到婚姻的問題。A 說結婚後,感覺生活沒有以前熱情積極,每天生活總是不斷的重複;上班下班,回家吃飯睡覺,和老婆也沒聊幾句,感覺這樣的婚姻生活很沈悶,想要尋找新生活。

朋友問 A:「老婆當了全職媽媽已經 7 年?在家照顧 2 個小孩,對嗎?」

A 回答:「對啊,家裡大小事務都是老婆打理,小孩都是老婆在顧。如果說想分開生活,也很怕傷到孩子們的感受。」

朋友嘆了口氣,搖頭說道:「7 年的婚姻結束後,你擔心的只是孩子,難道求婚時,對你說過『我願意』的老婆就那麼不值得你關心嗎?是因為日復一日的日子,讓你覺得這婚姻走不下去?還是因為厭煩舊愛,讓你想要尋找失去的新鮮感?」

結婚後，同居後，有小孩後，並不會讓日子變得沈悶無趣，只是彼此從來沒想過，該如何體驗新事物？你說每天上班下班日復一日，沒得喘氣。

但老婆何嘗不是待在家裡日復一日，誰又能讓她喘口氣？你說要賺錢養家，日子重複又重複，感覺壓力。但老婆照顧孩子，還要打理家事日常開銷，誰又能讓她少負擔？

沒話題，沒時間，沒交流，不是婚姻帶來的副作用，這只是自己懶得經營關係的藉口。把感受收在心裡，自己埋怨；把問題藏在腦裡，自己解決。再次提醒，或許，大家都忘了，婚姻不是獨自承擔，而是互相分擔。

工作、家庭、小孩、社交、柴米油鹽讓彼此都對婚姻分心了，但只要肯用心，偶爾提出週末出門走走，偶爾來個不一樣的活動，偶爾的儀式感溫暖對方，適時的關心和體貼，懂得換位思考的婚姻，真的不會辜負彼此的那句「我願意」。夫妻都在婚姻裡扮演不同的角色，不願意互相體諒，互相尊重，互相交流，那麼這段關係，除了名分／身分？還剩下什麼呢？

新鮮感並不會因為你是老公老婆、爸爸媽媽而逐漸消失的。

重點是，大家有沒有心繼續維持這段感情。多年以來累積的珍貴回憶，共同經歷的艱辛歡樂，那陪你渡過生活中起起落落的伴侶，真的可以勝過千千萬萬個新的人。又或許，你可以在很多人身上找到新鮮感，卻不能在每個人身上找到歸屬感。

切記，要珍惜一直陪在你身邊的那個人。說「我愛你」的人，可以很多，但又有多少人，真的，可以做到「我願意」？

送給正在用心經營婚後生活的你 / 你們的 20 句話

① 長期待在一段被嘲諷羞辱的關係裡，毀掉的不只是自信，還有自己。

② 家事不是一個人的事。因為婚姻不是獨自承擔，是兩人分擔。

③ 別把最難聽的話，都說給最親密的人聽。別讓所有的委屈，都丟給最愛你的人承受。

④ 很多人會勸受傷的人離開這段「壞掉」的關係，卻很少人會提醒自己不要當個「壞掉」的人。

⑤ 在婚姻裡，適時的關懷體貼，比任何奢華的儀式感來得更加真實暖心。

⑥ 最美的婚姻不是隨傳隨到，而是發生事情的時候，我有你，你有我可以依靠。

⑦ 在婚姻裡，大家都可以有各自的要求，但別忽視另一半的付出和努力。

⑧ 夫妻相處，或許彼此都能體諒對方的不細心，卻不能原諒另一半的不關心。

⑨ 疼愛對方的限度，不必讓別人來侷限。

⑩ 愛情真的可以不必談錢，但婚姻，不行。

⑪ 能讓一段關係走到最糟的地步，其實不是大聲吵架。而是無話可說。

⑫ 所有感情變淡的藉口，不是因為距離，不是因為時間，只是因為他／她不愛了。

⑬ 凡事不用事事縱容，而是彼此適當包容。

⑭ 婚姻裡，大家都不怕苦，不怕痛。只怕她的苦，你假裝看不見，只怕她的痛，你假裝聽不見。

⑮ 不必事事理解，但願互相尊重。

⑯ 用心經營每段關係，重要的人，值得慎重對待。

⑰ 就算是家人，也可以好好說話。

⑱ 多年以來累積的珍貴回憶，共同經歷的艱辛歡樂，那陪你度過生活中起起落落的伴侶，真的可以勝過千千萬萬個新的人。

⑲ 說「我愛你」的人，可以很多。但又有多少人，真的可以做到「我願意」？

⑳ 婚姻裡沒有「我應該」，只有「我願意」。

Chapter 6

教養，
別把孩子養成別人想要的樣子

育兒沒有對錯，只有後果。這句話，你是否贊同？而我個人覺得，教育孩子從來不是外人的事，育兒是屬於爸媽和孩子之間的事情。

很多人會對爸媽說，「你應該這樣教孩子。」或者「欸，你怎麼不這樣教孩子？」等等，很常拿自己的教育觀點指導別人的教育方式。但他們都忘了，每個人的家庭背景和環境都不一樣，連小孩的性格也不同，所以無法將教養方式全部統一。

教養意見、育兒手冊其實都只是供父母參考。整理網友的故事，以及我個人育兒的心得，或許你會得到啟發，也或許你會對教養有新的想法和見解。但最終，要怎麼教育孩子，決定權還是在爸媽。

如果決定生小孩，就必須負起教育的責任，務必要照顧孩子的心靈健康。只要沒有虐待小孩，只要小孩沒有傷害別人，自己怎麼教育孩子，其實外人真的無法批評指教。而且請記住，世界上沒有最完美，只有最適合的教養方式。

34. 教育孩子不是為了討好別人

　　很多人說小孩不能時常抱抱，所以在孩子哭著喊媽媽討抱的時候，我拒絕了；他們說，這不能寵壞。別人說小孩必須嚴格教導才有出息，所以必須6點上學，3點補習班，5點才藝班，玩樂的時間都是奢侈；他們說，這是自律。別人說見到長輩要叫人，所以不管孩子願不願意，他都必須跟長輩打招呼；他們說，這是禮貌。

　　別人說兒子不能膽小。所以分房睡後，即使是下雨打雷的夜晚，就算害怕，就算哭，他也必須獨自待在房裡；他們說，這是獨立。別人說女兒不能粗俗，所以不應該打籃球，應該學芭蕾，衣著打扮都必須斯文有禮；他們說，這是禮儀。

　　別人說越小越要學習，不管有沒有興趣，琴棋書畫都得學；他們說，這是磨練。別人說小孩不能頂撞父母，所以孩子的每一句質疑或反駁，我都不接受；他們說，這是孝順。

每個人的教育方式不一樣，但教育孩子的方式不應該以「維護自己的面子」為出發點。孩子不願意對長輩打招呼，別人質疑你，你覺得很丟人。孩子成績不好，學習進度緩慢，別人取笑你，你覺得很丟人。孩子在別人面前反駁你，別人說不尊重，你覺得很丟人。兒子怕黑，女兒行為很粗魯，別人給予勸告，你覺得很丟人。

　　撇開面子的問題，拋開外人的想法，先去了解問題的背後原因，製造一個只有你和孩子舒服的相處模式。例如，和別人打招呼應該是發自真心的。不是因為規矩，不是因為爸媽要我這樣做。與其強逼孩子打招呼，倒不如和小孩聊聊感受。像是你如果不懂得尊重別人，別人也不會尊重你。你可以說不；但別人也有資格說不。又好如分享玩具，你可以選擇不分享，但也不能搶別人的玩具。某些事情，若你希望別人尊重你的意願，你也得尊重別人的感受。因為，尊重是發自內心的，尊重是互相的。

　　當孩子了解這些行為背後的意義，就不會覺得自己的需求不重要，忽略了自己的感受和想法，失去了主見，失去了自己。

而教育，其實都是從不起眼的小事，間接影響小孩的思考能力。我的教育是因為孩子，不是為了討好誰，我的教育是因為孩子，不是為了滿足自己的控制慾。

　　因為孩子，爸媽不想匆忙地把你養成了別人想要的樣子，卻忘了提醒你要有自己「快樂的樣子」。

35. 別讓自己的孩子，害了別人家的孩子

關於生小孩，別人說沒金錢沒關係，窮有窮養。別人說沒時間沒關係，擠擠就有。但最大的原因不是錢，不是時間。而是你準備好負責了嗎？

沒有天生天養，只有栽培教養。教孩子的責任真的沒辦法推給別人，因為孩子最親近的家人，就是我們。有人問，沒錢可不可以生小孩？沒時間可不可以要小孩？這些問題，我無法回答。但如果那個人從來都沒有想過，要為自己的小孩的行為和過錯負責。那請她／他不要生小孩！負不起教孩子的責任，就不要隨便說生孩子。

孩子做錯事情，造成社會問題，即使有時候，錯的不完全是小孩。孩子傷害了別人，造成別人身體和心靈創傷，但或許，真正要承擔後果的人，除了孩子，還有父母。

請別讓孩子成為製造社會問題的人，教養是父母一輩子的

工作。育兒路上，孩子需要兩顆心，「細心」陪伴，「用心」教育。別生了孩子，卻不教育。別生了孩子，卻不管教。當爸媽後，切記要提醒自己，「別讓自己的孩子，害了別人家的孩子」。

轟動全球的新聞，你看過嗎？如果今天你在上班或者上課時，突然有個人拿著槍衝進來說，「你們今天都得死！」這時候的你，會想些什麼？

這新聞場景是一群小學生，這起事件造成最少 21 人死亡，其中有 19 名學生，他們都是小學生，年齡大概在 8 至 11 歲間，在自己熟悉的校園被槍擊死亡。犯案的是一名 18 歲的青少年，媽媽是一名吸毒者，兒子和祖母住在一起。發生這起慘劇後，他的母親說道：「我兒子不是個暴力的人」、「很驚訝他會做出這些事情」。

父母忽略孩子，父母不關心孩子，製造社會問題後，父母一句「我很驚訝！」就可以讓其他父母和小孩一起陪葬，孩子的偏差行為，也要其他人一起承受。

這些孩子們正是在童年最美好的時光，還有好多事情沒來

得及完成，在短短的幾分鐘內就結束了他們的一生。

「別讓你的孩子，害了別人家的孩子」，這句話很刺耳，卻很真實。

決定把孩子生下來了卻不教育，殺了人後，也是犯法的。別把孩子生下來，就放他在一邊，任由他傷害別人，傷害自己。如果不想教育，不想當孩子的聆聽者，不想陪伴，不要負擔，就麻煩做好避孕措施。如果一開始從來都沒有想過，要為你小孩的行為和過錯負責，那就請不要生小孩。孩子做錯事情，真正需要承擔責任的人，真的就只有孩子嗎？

新聞的最後，其中一位受害者的外婆告訴記者，小孫女雖然走了，但是她很勇敢，在犯案者進來教室的時候，她拿起了手機想要報警，卻直接被射殺，血噴到隔壁座位的同學身上。可以想像當時孩子們有多麼害怕，但卻永遠也看不見家人了。

或許，最後悔的決定不是後悔沒生小孩，不是後悔生下孩子，而是後悔沒有好好教育他／她。

36. 有一種愛叫放手

這是一段電影中的情節，女兒和母親的對話。

女孩：「媽媽，如果有一天，你走了，我該怎麼辦？」

媽媽：「傻瓜，每個人在生命的旅途中都會做好『失去』的準備。而且媽媽不在的時候，你已經會是大人了，懂得照顧自己。到了那天，你會知道，媽媽就算不在身邊也沒關係。」

女孩：「媽媽，我怎麼知道，沒有你在的日子，我可以獨自一個人面對生活？我怎麼知道，我已經準備好了？」

媽媽微笑說道：「還記得小時候媽媽教你騎腳踏車嗎？」

（畫面回到小時候女孩學騎腳踏車）

女孩：「媽媽，我想停下來。」

媽媽：「如果你現在放棄，你就學不會騎腳踏車哦！」

女孩：「我想學，可是我做不到。」

媽媽：「沒事的，繼續踩。」

女孩：「可是，我害怕跌倒。」

媽媽：「哈哈，媽媽在後面扶著，你不會跌倒的。」

女孩：「媽媽，不要放手哦！」

媽媽：「親愛的，在你準備好之前，媽媽是不會放手的。」

後來，媽媽悄悄地放開手，看著女孩小小的堅強背影，獨自騎著車，越走越遠，不知道媽媽已經放手了的女孩，在前方大喊道：「不要放手哦，我還沒準備好！」

媽媽：「親愛的，你已經準備好了。」

＊　＊　＊

媽媽的愛是無聲的，媽媽的放手也是靜悄悄的，媽媽是孩子的依靠，媽媽是孩子最堅強的後盾。沒有一個媽媽捨得讓孩子跌倒，沒有一個媽媽捨得離開孩子。

但是，自從生了孩子，才知道這一輩子做過最勇敢的事，並不是成為媽媽。而是學會「如何放手」。放手讓孩子去奔跑，放手讓孩子去跌倒，放手讓孩子去闖蕩，放手讓孩子做自己。因為媽媽知道，總會有一天，孩子準備好了，她不得不放手。

37. 尊重孩子說「不」的權利

♥ ♥ ♥

要讓別人尊重孩子說「不」的權力，就要從父母開始做起。

家庭聚會結束了，有個親戚要求小孩親親臉頰說再見。小孩緩緩地向後退了幾步，然後低聲說「不要」，那位親戚不死心，還大聲地說道：「不就是一個親親嘛，怎麼那麼吝嗇？不然給我一個抱抱好了。」小孩搖搖頭，堅決說「不」！

這時候，全部人的眼神都望向了媽媽，臉上的表情透露著「孩子真沒禮貌」的訊息，同時在一邊施壓，一邊等待媽媽的回覆。看來是希望媽媽會說出：「沒關係吧，給叔叔阿姨一個抱抱。」而孩子這時候的眼神，也望著媽媽，像是在尋求媽媽的保護，跟媽媽的求救；這時候，媽媽說了句：「沒關係，寶貝，如果你不願意，你可以不用抱抱。」頓時，場面相當尷尬。

但媽媽沒有錯，孩子沒有錯。媽媽只是在「面子」和「孩子」的情況下選擇了「尊重孩子」。可能，別人會覺得沒有禮

貌。可能，別人會覺得沒有家教。但是，以父母的角度來看，我覺得她是一位很棒的媽媽。孩子是父母的責任，我們時常教導孩子要捍衛自己的權益，但首先，我們必須捍衛孩子的權利！孩子最信任的人，就是父母。如果當時那位媽媽，沒有捍衛孩子說的「不」，那位孩子可能會覺得無助，覺得疑惑，如果他們連說「不」的權利都沒有，以後會有勇氣保護自己嗎？

很多時候，說「不」其實需要很多勇氣。要面對的不只是眾人的壓力，還有那令人窒息的氣氛，讓你覺得丟臉、奇怪、出醜的眼神。但是，父母要讓孩子知道，他們沒有做錯事。反而，這是一個讓父母感到自豪，一個勇敢的行為。

孩子是自己身體的主人，如果遇到危險，孩子也會堅決說不，懂得如何逃離現場。當不想讓別人碰他的身體，他們可以勇敢說不。當不想讓別人親他的臉頰，他們可以勇敢說不。任何時候，在他們不舒服或者不情願的情況下，都可以說：「不，我不要。」

這句話，不是用言教，而是身教。當孩子清楚地表明了：「我不要，別碰我。」這不是一個玩笑，這不是一個請求。這是一

個警告，「不要」就是「不要」！那就請別碰他，請尊重孩子說的「不」。

有些「不」，不是叛逆。而是「保護自己」。我們不要開無謂的玩笑。有時候，我們的確應該尊重孩子們說「不」。

38. 誰說男孩子不許哭？

這篇，我想說說兒子的教養。這個世界每天都在教男生應該如何成為一個男孩子。

有人會告訴你，男生不應該喜歡粉紅色。

有人會告訴你，男生不應該留長頭髮。

有人會告訴你，男生不應該掉眼淚。

小孩的世界很單純，沒有什麼女生喜歡的顏色，男生不能喜歡。沒有什麼女生喜歡玩的遊戲，男生不能一起玩。除了教懂孩子認知基本的男女身體構造，教導分辨男女私隱部位以外，真的沒有想過連玩具，顏色，甚至「情緒」都還得分男女。

洋娃娃是女生的玩具，男生只可以玩車車和恐龍。粉紅色是女生的顏色，男生只可以喜歡藍色或黑色。女生哭就是撒嬌，男生哭就是軟弱，這都不是道理，是「歪理」。

每個人都有選擇權，男生也有。每個人都應該被尊重，男

生也一樣。培養孩子堅強的個性，不是從限制他喜歡什麼顏色開始。培養孩子勇敢的性格，不是從限制他選擇什麼玩具開始。

所以不要對我兒子說，男孩子不可以怕黑！

所以不要對我兒子說，男孩子抱什麼泰迪熊！

所以不要對我兒子說，男孩子哭什麼哭！

每個人都有不同的性格，我們不能固執地認為每個男孩都一樣。他可以很細心，但並不代表他沒有擔當。他可以很害怕，但並不代表他會逃避恐懼。他可以很溫柔，但並不代表他軟弱。他可以堅強，但他不需要逞強。

大部分的人都能理解男生的冒險，活潑和粗心個性，卻接受不了男生內心深處有「細膩敏感」的特質。不是男生就一定要把情緒收進心裡，不是男生就一定要獨自承受壓力，不是男生跌倒了就不許流眼淚。

兒子，等你長大了，爸媽不能保證世界會不會喜歡這樣的你，爸媽也不會對你隱瞞這個世界的殘酷和無情。但是你絕對不會是一個人。家，永遠是一個可以讓你肆無忌憚放聲大哭，然後擦乾眼淚，重新出發的地方。

爸媽會一直當支持你的人，直到你找到了另一個家，直到你找到了想要保護的人，直到你找到了那個在你跌倒，在你無助時，可以讓你毫無顧慮，躺在懷抱裡哭得像小男孩似的人。

爸媽的責任不是教成為別人眼中的「男孩子」，爸媽的責任是教會你做一個懂得「愛自己」的人。

僅將這篇寫給有兒子的媽媽們。

39. 家不是一個講道理的地方

♥ ♥ ♥

　　有時候，我們會聽到別人說，他們和自己的孩子八字不合。他說：「我和兒子沒話說，他有事都會先找他媽媽。」她說：「我的女兒長大了，都不找我聊心事，她比較喜歡和朋友聊天。」他們認為這是「親子代溝」，避免不了。

　　卻不知道，很多時候，孩子想要的其實是「偶爾的偏愛」。很多時候，孩子渴望的其實是「真正的理解」。教育很難，和孩子說話更難。想要建立親子良好的關係，其實是在於爸媽每天和孩子說話的態度。

　　聽過一位朋友說。小時候的他很抗拒上補習班。他告訴媽媽自己不想去上課，可是話還沒說完，媽媽就急著說上補習班的好處，如果不上補習班，課業會很難追得上等等。

　　最後，他還是硬著頭皮繼續上補習班。直到老師發現，他被後座的同學欺負，一直被踢背後和椅子，把事情告訴雙方家

長後，他媽媽頓時才恍然大悟。

年齡小的孩子在某些時候，或者在被欺負時，可能會表達不出那種「受委屈」的感受。所以，有時候爸媽不必急著講道理，我們可以先聽聽孩子真正的感受。先讓孩子把話講完，清楚整件事情的來龍去脈，不要老是想著每個問題，都是孩子的問題。有時候「細心傾聽」勝過所有的「大道理」。

另一個朋友也想起以前剛上大學時，因為功課壓力太大，一心想要退學了。她把這個想法大膽告訴了爸媽，原本以為一定會先被說教一頓，會被說「半途而廢很不好哦！」、「這點壓力都受不了」等等的話，但沒想到的是，爸爸竟然開口說道：「那就不要讀吧！」

這不是氣話，她爸爸當時是認真的。後來，她也坦白和爸媽說了不想讀的原因，她說大學生活不是她所想的，爸媽聽了點點頭，也和她一同分析問題，尋找解決方案。最後，她還是堅持讀完大學，也考到了律師。

她對我們說，其實當時不想讀的想法，也只是想想而已，沒有真的想要落實。她當時真正需要的不是「解決方案」，更

不是「大道理」，因為她已經很清楚知道，自己的決定是什麼。但當時的對話，她也只是希望有個人可以讀懂她的情緒，很慶幸這個人是「她的家人」。有時候說了一千次「大道理」，也代替不了一次的「用心理解」。

這裡說的不是「不分青紅皂白地偏袒」，這裡說的不是「不分是非黑白地包容」。大道理人人都可以明白，但情緒不是每個人都可以理解的，甚至有時候，就也連大人也搞不清楚的情緒，又怎麼期望孩子們能夠讀懂自己情緒呢？有時候不是親子關係而已，和別人相處也一樣。如果在某些事情上，我們先拋開邏輯，先拋開道理，先站在對方的角度想一想，先處理情緒，再處理問題，再來說道理。

或許大家就不會鑽牛角尖，或許大家就不會那麼執著，或許大家的想法就會被聽見，或許我們都不必急著講道理，或許一個擁抱，一句「你還好嗎」，會比說道理來得更容易。

40. 打罵教育是真傷害，不是愛

他覺得小時候被爸媽用藤鞭暴打是正常的，所以現在，用藤鞭打自己的小孩也沒關係。她覺得小時候被爸媽在很多人面前吼是正常的，所以現在，在親戚朋友面前吼自己的小孩也沒關係。

他覺得小時候被爸媽把他跟其他同學比較是正常的，所以現在，偶爾會取笑自己的小孩沒有比別人家的孩子好。她覺得小時候被爸媽用負面的話來激勵自己是正常的，所以現在，她也用刻薄的話激勵孩子只是希望他成材。他覺得小時候被爸媽說「打是愛，罵是疼」是正確的，所以現在，就算打了小孩一巴掌，用難聽的話侮辱小孩，他也會「說服」自己，他是在愛小孩。

他說他活在以前，用以前的方式沒有不妥。他說就算爸媽打他罵他，他也一樣很愛他的家人。所以漸漸地，我們以為打

罵的方式是愛，因為我愛你，所以我打你、我罵你。

但是孩子，他必須承受所有的暴打，甚至包括父母所有的憤怒、發洩、恨、摻雜著各種情緒的虐待；他必須承受各種的侮辱，「你沒用，你很煩，你很差勁，你去死」的惡毒話語，甚至必須用一輩子的時間來療傷。

你喜歡被打罵嗎？

你喜歡被威脅嗎？

你喜歡被恐嚇嗎？

你喜歡被侮辱嗎？

情緒不穩定的爸媽，是小孩一生的創傷。背負著童年的陰影，懦弱的性格，自卑的內心，這些都和原生家庭有很大的關係。情緒不穩定的父母，傳承的不是愛，是傷害。

一個感到幸福的時刻，絕對不會是在被暴打，被侮辱的時候。用暴打控制的行為，孩子會服氣嗎？用暴力才能解決的問題，是無能嗎？他可以是一位爸爸，但他不一定有父愛。她可以是一位媽媽，但她不一定有母愛。關心、鼓勵、支持、接受、引導才是真正能讓孩子感受到父母的愛。

不辱罵不一定溺愛，不打不一定沒教育。不是說孩子不能被罵，不能被責備，只是在謾罵，在責備的同時，父母也必須自我檢討，和孩子共同成長。爸媽不是不能犯錯，孩子也不是每次都會做對的事情；設好界線，堅持原則或許會比打罵更好理解。

　　我看過有罵了孩子，卻還是會讓孩子買到想要的玩具。看過有打了孩子，轉頭就說：「對不起，爸媽不應該。」事實是，有哪個爸媽不愛孩子呢？只不過打是愛，罵是疼，這都並不是教育，很多時候的爭吵，很多時候的打罵，都只是想要獲得片刻的寧靜，都只是自認為可以保護孩子，都只是想要孩子聽自己的話，打你罵你，都只是因為這句「我只是為你好」。

　　我們都經歷過這些「傳統」的育兒方式，但並不代表我們一定得認同這樣的育兒方式。

　　不要活成我們最討厭的那種人，不要把最痛苦的經歷傳承給孩子，不要把我們最恨的育兒方式延續下去。不要把我們的情緒發洩在手無寸鐵的孩子身上，不要用暴力來解決小孩的情緒問題。

爸媽可以崩潰，但必須重新站起來。因為在情緒不穩定的狀態下教訓孩子，孩子真的沒辦法好好愛自己。舉個例子，如果孩子在商場走失了，尋回後，被一位母親當眾開罵，暴力拉扯，而大家都認為這是最好的解決方案，大聲羞辱和打罵可以讓小孩記住這次的教訓，不再亂跑。但是孩子成為了爸媽唯一責備的對象，家長有責任看顧孩子，卻沒有遭到同樣的辱罵和當眾羞辱，試問孩子服氣嗎？每個人都有犯錯的時候，很多時候後果必須由雙方承擔，如果不想有這個後果、就必須檢討尋找解決方案。

那麼媽媽沒看好孩子，是否需要被另一半當眾羞辱，暴力拉扯才是對的呢？用對待孩子方式來對待自己，一起承擔後果，不過，這樣的解決方案真的妥當嗎？

沒有人希望自己被暴力和羞辱對待，爸媽很愛孩子，所以也希望孩子學會愛自己。而能教孩子愛自己的人，或許就只有父母。小孩因為你來到了這個世界，卻不是為了「你」而來的。控制小孩，換來的可能會是個「聽話的小孩」，但他不會是個「尊重父母」的小孩。

服從，不一定認為你是對的。有共識，一家人才能互相尊重。我們可以不認同別人的育兒方式，但爸媽可以做的最大努力，讓小孩有個幸福快樂的童年。

**　　孩子，爸媽想讓你知道，**

**　　雖然我們是你的父母，是你的家人，**

**　　但就算是家人，我們也沒有資格羞辱你。**

41. 孩子，做人要有底氣

　　孩子，我們不受莫名其妙的恩惠，不欠毫無瓜葛的人情，不貪任何一個小便宜，不認無功不受祿的事情。不要執意地要別人為你付出，因為世界上誰都不欠你，不要一味盲目地為別人付出，因為你的付出必須獻給懂得感激的人。

　　有些事情，男生願意承擔，不代表理所當然。有些事情，女生願意付出，不代表天經地義。正如：「男生付錢買單不是理所當然，女生洗衣煮飯不是天經地義。」別被社會上一些「滑稽的觀念」給套牢，因為有些事情你根本不需要妥協。生活、原則、三觀（世界觀、價值觀、人生觀）其實都是由自己掌控的。

　　別想去控制別人的觀念，別人也休想改變你的理念。生活上也不需要有「同等的付出」，只要彼此覺得「值得」就夠了。沒有誰對誰的好是應該的，只有誰願意為誰付出；願意為你付出的人，你要懂得珍惜；願意為別人付出的你，首先，得問問

自己，這份「付出」有被尊重過嗎？

不想把自己的人生活成笑話一則，就不要把別人當小丑。

如果生活中遇到了和你觀念不同的人，不必花時間去改變別人的想法，不發一語，轉身離開，或許就是對彼此最大的尊重。孩子，我希望你的每一份付出，不求回報，只盼有最基本的尊重。

如果別人對你說，尊嚴和底氣不能當飯吃，但孩子要記得提醒自己，你真的有缺別人家的那一口飯嗎？

42. 身教大於言教

很多人說「習慣」是要從小培養，這個我還是很認同的。像是習慣會收拾玩具，習慣會說謝謝，習慣會和長輩打招呼，習慣做錯事會先說對不起。但是，習慣是可以改變的。

好的習慣可以變壞，壞的習慣可以變好。想要改變孩子的習慣，或許爸媽能做的只有「堅持」。

小孩哭鬧，不收玩具，大人可以幫忙，但必須要小孩一起動手。小孩無視，不向長輩打招呼。大人可以給予教導，但不必吼小孩。小孩生氣，因為得不到想要的東西。大人可以細心解釋，但不必過份溺愛。

一次不可以就兩次，兩次不能，就三次，重複地提醒和身教，對小孩而言就是習慣。有些人可能會說，要堅持多久呢？有些人可能會問，教了也沒用，去到保姆家就變了。其實我認為「身教」真的很重要。如果小孩長時間和照顧者待在一起，

自然而然就會模仿對方的一舉一動，甚至一些生活習慣，行為也會被影響。

　　一個習慣要堅持多久才能培養？才能改掉？打個比方，爸媽能堅持多久不滑手機？碰手機的時間少了，或許你會發覺小孩依賴電子產品的次數也變少了。你我的性格不一樣，每個小孩的性格都不同，一個方法要堅持多久才會有效，是要靠一個家的「堅持」。「習慣」無法教導，「習慣」是培養的。

　　如果一個家，大家都不習慣說謝謝，做錯事不習慣道歉，那麼這個「謝謝」和「道歉」的習慣，小孩是該要從哪裡開始培養呢？如果真的想要改變小孩一些行為，自己也必須嘗試改變，或者儘量不要在小孩面前做出不好的行為。

　　最重要的是大人和大人之間也需要溝通，達成共識。有了一致的立場和態度，再和小孩溝通的時候，他們也會比較理解「為什麼這個行為是不能做的」，培養好習慣，其實不難，重點在於「堅持」。

43. 媽咪，為什麼要等一下？

這篇是關於二寶的育兒生活。以前總覺得有了小寶後，自己也肯定會抽時間陪大寶，但原來二寶生活真的不是我想得那麼簡單！時間過得比之前更加緊湊。很多時候，時間全都給了新生兒。親餵、擠奶、洗澡、拍打嗝、應付突然的大哭，然後重複。

大寶不明白為什麼以前可以大聲唱歌，現在卻要小聲說話。大寶不明白為什麼以前可以陪唸繪本，現在卻要等一下？有了小寶，大寶最常聽到的一句話大概就是：

等一下，我幫妹妹換尿片。

等一下，我要餵妹妹喝奶。

等一下，我要幫妹妹拍嗝。

等一下，我要幫妹妹洗澡。

等一下，妹妹哭了，我先抱她。

有時候她會做出奇怪的事情，她會用大哭代替說話的方式來要求喝奶，她會在你最忙的時候說要抱抱，她會弄痛妹妹的手，她會故意拔掉妹妹的奶嘴，但這些舉動我都知道，目的從來不是要我們生氣她、罵她，她只是好奇想學新生兒，她只是想要得到同等的關注，她只是想要確定我們還愛她，僅此而已。

　　小寶的出現對大寶的生活也起了很大的變化，她得學會接受妹妹，她得學會分享，她得學會照顧別人的感受，她還得學會「等一下」。有些大人也學不會／接受不了的事情，說真的，一個兩歲的孩子不可能一下子、一瞬間就學會這一切。但這些，她都在學習。

　　大寶不是不會，她只是需要時間和愛。有一天，我實在太累了，我在房間的床上和小寶躺著睡著了。隱隱約約睜開眼睛看見大寶在門口看我，然後說了句：「媽咪在睡覺。」就出去自己玩了。她在學習體貼。我知道雖然有外婆照顧，可是她也是需要媽咪的關注，畢竟爸媽的愛和關注是無人可以替代的。

　　她會讀書給妹妹聽，她會把貼紙給妹妹。她在學習分享。她看到妹妹溢奶會叫媽咪，她看到妹妹學習翻身，會叫妹妹小

心不要靠近床邊，會跌倒，她在學習照顧別人。她聽見妹妹在旁邊哭，會說：「媽咪在開車，等一下等一下，要到家了。」她在學習安慰別人。

　　對於大寶的反叛，對於大寶的黏人，我們只需要多點耐心，少點指責。或許父母要做的不是一直糾結於為什麼小孩不懂事，而是要學習控制自己情緒，學習適當地釋放壓力。因為大寶和小寶如何相處，這門課，該修的不是孩子，是父母。

44. 如果是我家的孩子，我就巴下去！

　　有天，朋友在某家餐廳吃早餐，目睹了一件讓他感到很生氣的事情。

　　在他的用餐位置對面，可以看見一家三口在吃早餐。孩子大概有 3 至 4 歲，爸爸媽媽各自在用餐，而孩子則在一旁看手機。或許對於孩子在外使用電子產品的場面大家都見怪不怪，因為每個父母都有自己的教育方式，每個父母都有自己的界線，旁人也真的不該多加評論，大家互相尊重就好。

　　但令朋友感到生氣的事情，其實是小孩的態度。

　　我問朋友，小孩當時怎麼了？

　　朋友說，小孩拿著手機看劇，但嘴巴有在做咀嚼的動作，爸爸一口接一口地餵飯吃，把飯送到孩子嘴裡，然後告訴小孩：「張開嘴巴，啊～ 。」待小孩吃了一口飯，爸爸則繼續吃自己的食物。整個過程，小孩的眼睛還是盯著手機看，沒望向爸爸，

也沒說話，只是嘴巴張開，然後咀嚼食物。

朋友告訴我，其實爸媽餵小孩吃飯，他也覺得沒什麼大不了。但突然間，小孩大喊一聲：「喂！拿水來啦！」很明顯，小孩的語氣相當不耐煩，喊著：「我要喝水啦！！！」接著，爸爸就急忙把水遞到小孩的嘴裡，讓他用吸管喝水。

朋友說：「小孩的態度，我沒辦法忍受啦！怎麼可以這樣對待自己的父母！這是什麼態度！這小孩應該要好好教育！」

但是，態度有問題的，真的是小孩嗎？

有些父母總會埋怨孩子大了不懂得感恩，

卻沒想起，當初是誰給他理所當然的付出？

有些父母總會覺得孩子習慣性地依賴自己，

卻沒想起，當初是誰堅持為孩子打理一切？

有些父母總會抱怨孩子不懂得尊重自己，

卻沒想起，當初是誰獻上千依百順的溺愛？

之前看到新聞，一名成年男子找父母要錢被拒，竟然動手

打自己的父母，事後也不覺得後悔。因為從小到大，爸媽都會答應男子的要求。前幾次借錢也會立即答應，但沒想到這次會被拒絕！憤怒出手打父母，男子覺得爸媽理應給錢，這是理所當然的事情！

有時候，不是小孩不理解，而是大人不讓小孩有機會嘗試「被拒絕的滋味」。

得不到東西，小孩大哭，疼著他吧。

不想要吃飯，小孩大鬧，讓著他吧。

不尊重父母，小孩還小，隨著他吧。

這些或許是讓小孩閉嘴和安靜的最快方法，但絕對不是教育的最好方法。

育兒是修行。教育需要很多的耐心、時間和精神來關注孩子的心靈、思維和身心健康。親子關係不靠什麼，只能靠用心經營。當然，育兒從來沒有對與錯，只有後果。當爸媽適當地設定界線，建立起規矩，堅守著該有的原則。或許，孩子也會有著控制慾望的能力。

朋友說：「如果是我家的孩子，我會巴下去。」我卻說：「如

果是你家的孩子，請你巴醒你自己！」因為我認為有錯的永遠不是孩子，是父母的教育問題。請別把溺愛，請別把暴打，當作是懶惰教育孩子的藉口。

　　或許，真正該教育的，不是小孩，是父母。

送給正在育兒路上修行的父母們的 10 句話

① 世界上沒有最完美，只有最適合的育兒方式。

② 爸媽不想匆忙地把你養成了別人想要的樣子，卻忘了提醒你要有自己「快樂的樣子」。

③ 沒有天生天養，只有栽培教養。

④ 不是後悔沒生孩子，不是後悔生下孩子。而是後悔沒有好好教育。

⑤ 當爸媽這一輩子做過最勇敢的事，就是學會放手。

⑥ 尊重孩子說「不」的權利。

⑦ 家，永遠是一個可以讓你肆無忌憚放聲大哭，然後擦乾眼淚，重新出發的地方。

⑧ 爸媽的責任不是教你成為世界要你成為的人。爸媽的責任是教會你做一個懂得「愛自己」的人。

⑨ 不要活成我們最討厭的那種人，不要把最痛苦的經歷傳承給孩子，不要把你最恨的育兒方式延續下去，不要把你的情緒發洩在手無寸鐵的孩子身上。

⑩ 育兒這門課，該修的不是孩子，是父母。

女兒，因為你是你，所以值得

曾經天真地以為當媽媽不是一件很困難的事情，親身體驗後才知道，原來要成為媽媽的第一步——「懷孕」，就已經不是件簡單的事。

之前有在臉書分享過，大寶不是我的第一個孩子。第一胎有過胎停的經歷，胚胎在早期發現沒有心跳，醫生告知必須通過手術終止懷孕，否則會有生命危險。而在懷孕小寶的過程中，也有經歷一些小插曲，像是懷孕前三個月因為胎兒不穩定，必須臥床休息，疫情期間到醫院產檢必須小心做好防疫措施，這些種種讓人感到幸福又害怕的懷孕點滴，讓我體會到「每個新生命的到來，都不是理所當然」。

懷孕的過程不簡單，養育的路上更是不容易。相信很多父母選擇把孩子帶來這個世界上，不是要他成為最好的人，而是想讓他成為最好的自己。

這單元想寫給我親愛的女兒們。

林允熙，我的大女兒。你是爸媽的雨後太陽，名字的寓意是希望你能成為自己生命中的那道光，照亮自己。不必害怕黑暗，因為你就是太陽。

林允禎，我的小女兒。你是爸媽的雨後彩虹，名字的寓意是希望你遇事都會逢凶化吉，有著堅持不懈的精神，你所做的每件事情就一定會有最好的結果。

女兒，媽媽想讓你知道，這個世界雖然不是完美的， 但你可以決定自己的人生是否美好。別讓其他人左右你的人生，別等其他人來善待你。你是媽媽拼了命生下來的寶貝，所以媽媽希望你就算拼了命，也要好好愛自己。

45. 我的女兒不是你的工人

我的女兒不是你的工人，請不要大呼小叫地拍門叫她早起。
我的女兒不是你的工人，請不要理所當然地叫她洗碗、拖地、
摺被單。我的女兒不是你的工人，請不要不知廉恥地叫她負責
一切的家務事。

我的女兒不是你的囚犯，請不要粗魯地命令她不能回家。
我的女兒不是你的囚犯，請不要無理地認為她不能出門逛街。
我的女兒不是你的囚犯，請不要天真地覺得她只能待在家照顧
孩子。

你說她吃你家的飯，就得聽你們的。我說孫子是她生的，
就得跟娘家姓！選擇待在家裡顧孩子的媳婦不是沒本事，而是
想要給孩子最好的照顧。選擇出外工作的媳婦不是不負責任，
而是選擇讓孩子過最好的生活。

請不要把最難聽的話都說給媳婦聽，

請不要將你那醜怪的臉色給老婆看。

她們不奢望得到感恩，但不要把付出當作理所當然。

她們不需要得到同情，但希望其他人能夠尊重自己。

女兒，如果得不到當初說好的幸福，如果得不到當初承諾的保護，如果得不到應該擁有的尊重，那就回家吧，別委屈自己了。離開了有爸爸媽媽的家，來到了公婆的家，不是為了他家的那一口飯，不是為了來洗碗，不是為了來挨罵。

女兒，不要嫁一個叫你凡事都要忍的人，要嫁一個教你凡事都要愛自己的人。請將心比心，媳婦／老婆是人，是家人。她們不是外人，不是仇人，更不是你家的工人。不要對我說以前的媳婦／老婆也是這樣，不要對我說女人生來就是要吃苦，我把女兒生下來，就沒想讓她受不公平的對待，忍受無謂的委屈！

他們說女孩最寶貴的是青春，但他們都錯了，事實是，無論是女孩／男孩，人的「一生」都很寶貴。孩子，別等其他人來善待你，爸媽希望你會善待自己多一些，你愛自己多一些。

以上是一篇關於娘家人的心聲。這篇文章在臉書有很多留言，有支持的朋友，也有聽到反對的聲音。每個人理解到的意

思不一樣，但文章不是以偏概全的意思，主要針對的是某些「不懂得尊重別人的人」。

每個身分都有好人和賤人。世界上會有好女婿，也會有壞媳婦。世界上會有好婆家，也會有壞娘家。想要對孩子說，如果在外得不到該有的尊重，該有的權利，那就回家，回到有爸爸媽媽的家。

教育是一條很長的路，但很慶幸我們兩夫妻都有著共同的觀念，就是先教會孩子「愛自己」。這裡的愛自己，不是自私，不是公主病，不是自我主義，不是製造社會問題。我們「愛自己」的定義是指她有權利選擇自己要過的生活，她有權利選擇遠離「不尊重她的人」，她有權利捍衛自己的聲音。

時代改變，生活改變，我們的想法也要改變。請不要再被以前的想法侷限，你的生活，你自己做主。大家都說互相尊重，那麼請尊重個人決定，因為生活，是你自己負責。在這網路時代，每個人的聲音都可以被聽見，沒有誰是渺小的。改變，不是一瞬間。文章引起的共鳴，不是偶然。

最後，孩子，如果別人不尊重你，你也不必尊重他，因為

沒有誰的付出可以被當作理所當然。這裡想再次分享這段話：
「或許，來到這個世界上，不是活著就夠了，我們還得教孩子
如何活出自己。」

46. 女兒，你可以不完美

女兒，這個世界每天都在教你，如何成為一個女孩子。世界會嘗試改變：你的想法、你的穿著、你的樣子、你的身材、你的三觀(世界觀、價值觀、人生觀)，但是，女兒你要記住，外面的聲音也許很多，也許很吵，但永遠別忘了聽聽自己內心的聲音。

能決定你今天想要穿什麼的人，只有你自己。

能決定你今天要不要化妝的人，只有你自己。

能決定你要繼續進修還是工作的人，只有你自己。

能決定你未來每一步的人，也真的「只有你自己」。

愛你的人，不會勸你去整容。愛你的人，不會要你狂減肥。愛你的人，不會要你受委屈。愛你的人，不會認為你不行。愛你的人，不會動手虐打你。愛你的人，不會把你和別人比較。打擊你的人，不想讓你變優秀。羞辱你的人，也不會想讓你看到自身的價值。

他們說臉大的女生，不完美。他們說不會化妝的女生，不完美。他們說虎背熊腰的女生，不完美。他們說不會做飯的女生，不完美。他們說不會賺錢的女生，不完美。他們說不生孩子的女生，不完美。

他們說：「你不值得」，於是背負著太多太多的不完美，於是承受著烙在心底的那句「你不值得」。

但沒有誰的一生需要背負別人口中的「完美」，

也沒有誰的一生需要讓別人定義自身的「價值」。

你只需要為自己做的決定負責。

你可以選擇今天喝奶茶吃炸雞，你可以選擇微整、整容、瘦身，你可以選擇單身、戀愛、結婚，你可以選擇讀書、上班或者當全職媽媽。沒人會承擔你所有決定的後果，所以你也無需背負別人口中的自己。因為能夠定義「完美」的人，也只有你自己。

追求完美並不可怕，可怕的是，你從未放過自己。

犧牲自己並不可怕，可怕的是，你認為，你不值得。

女兒，你可以不完美，但你一定要把日子，過得美。

女兒，追求完美不如活得漂亮。

47. 女兒，不要活成別人想要的樣子

　　無論你喜歡名牌包或是路邊攤包，總會有人說你現實、膚淺，或者難看沒品味。所以不必太在意別人的眼光。無論你是廚神還是地獄廚神，總會有人說做飯好吃有鬼用，或者連做飯都不會有屁用，所以不必刻意去滿足別人的要求。

　　無論你是有主見還是比較隨性，總會有人說你難相處，或者是沒個性，所以不必太在意別人的評價。無論你是有整容還是沒整容，總會有人說不自然，或者不出眾，所以不必刻意去附和別人的標準。無論你活得多小心，無論有多遷就別人，總會有人不喜歡你，總會有人說你在假裝，所以不必刻意去掩飾「真實的自己」。

　　這個世界上有別人搶不走的東西，一個是「智慧」，一個是「心態」。別把時間都用來取悅別人，給自己多些時間，努

力提升自己。你需要的不是光鮮亮麗的外表，而是內在的修養和內涵。別為了迎合其他人而改變，改變應該是發自內心，為了自己，別讓別人來告訴你，生活應該怎麼過。

人的一生可能會失去很多，

但最大的失去，莫過於是「自己」。

　人生無需向別人解釋，你只需要把它過得有意思。

　女兒，世界不需要一個溫暖體貼的女孩。女兒，世界不需要一個乖巧聽話的女孩。你不需要改變世界，而世界也不能改變「你」。你不需要活成別人想要的樣子，你只需要活成自己覺得「快樂的樣子」。

48. 女孩你要知道的事

♥ ♥ ♥

女孩，有時候你要知道：「你對別人的無私，是對自己的自私」。

只有對自己誠實，才知道這個人值不值得，別總是認為自己不夠好。若你努力過，奮鬥過，拼命過，屬於你的小幸運，終究會找上你。別總是認為自己不比別人好，若你堅守初心，不曾負過任何人，那麼該來的那個他，終究會被你遇上。別總認為自己不夠優秀，每個人都有自己在行，不在行的事；每個人都有自己想做，不想做的事。

那些說女孩 23 歲就要談戀愛的人，

那些說女孩 26 歲就該要結婚的人，

那些說女孩 30 歲就要生小孩的人，

那些說女孩不應該主動的人，

那些說女孩不需要拼命的人，

那些說女孩做不了大事的人。

那些用年齡來限制女孩理想的人，

那些總是喜歡壓抑女孩夢想的人，

其實，都是一些無謂的人。

別人認為，女孩需要專注的是人生大事。卻不知道，女孩想要奮鬥的，不只是一件事。女孩，請把心思花在自己的生活上。無需去窺視別人的圈子，無需去探討別人的最近，無需和別人比較自己的價值，無需去霸佔不屬於自己的東西。在你想努力的地方，發光發熱。在你想堅持的事情，勇往直前。

到後來，你會發現，笑容是發自內心，不是帶在臉上。該變美的不是樣子，是你的生活。生活不必精緻，但為了生活，你必須得盡力為自己，勇敢活一次，唯有為生活拼命一次，才會知道自己可以為自己走多遠。

49. 沒有人需要為你的虛榮心買單

♥ ♥ ♥

最近聽到一位女生和男友分手了。原因是她覺得男友的薪水很少，給不了她要的東西。她說，男友不上進，不積極去賺更多的錢，沒法讓她過上好的生活，所以決定分開。

「好的生活」對每個人來說定義不一樣。有人覺得吃好住好用好，才是好生活。有人覺得吃飽能住夠用，就是好生活。但無論你嚮往什麼樣的「好生活」。前提是，你得要讓自己過得起「你想要的生活」。

女兒，別總是奢望別人能給你，自己都能力不及的東西。別總是把想要「過上好日子」的責任建立在別人身上。想起網路上的一句話：「你要求別人給你買香奈兒，首先你自己得買得起 LV。」你要求別人上進，首先你自己先得努力。你說，你值得更好的生活，你說，薪水少沒有安全感；重點是，你想要

的「好日子」，你自己也給得起嗎？

女兒，沒有人需要為你的虛榮心買單。愛情不是他在努力，你在省力。當然，如果自己努力了，別人卻不想奮鬥，請勇敢地讓自己過上自己想過的日子，不必委曲求全，怨天怨地。因為或許，別人可以給得了你錢、屋子、鑽石，「給得了氣勢，卻給不了底氣」。

這份底氣，不是背景，不是金錢，不是美貌，而是你的勇氣，你的堅持，你的努力，是自身創造的價值。而「底氣」，或許就是一個女生，可以給自己最好的安全感。

50. 孩子，要學會保護自己

婚前性行為並不可恥，可怕的是，有人不願做安全措施，還每次都抱著僥倖的心態。未婚先孕並不可恥，可怕的是，有人不願負責任，還想盡辦法推卸責任。有人說，自己做的事，自己要負責。但為什麼兩個人做過的事，後果卻要一個人承擔？

有人說，你怎麼不學會保護自己？但你從沒想過，傷害你的人，正是那個曾經說過會保護自己的人。有人說，事情發生了，只能怪你自己太傻太天真。而到最後，你才發現，當初的真心，當初的信任，已經成為了現在別人用來責怪、欺騙、拋棄你的理由。原來，相信一個人就是傻瓜，而別人，就不需要對傻瓜負責了嗎？

我們說：「孩子，別那麼輕易就相信別人。」

我們說：「別那麼容易把自己交給別人。」

我們說：「別總是天真地答應別人的要求。」

我們說，「別總是單純地認為他只愛你。」

我們用了半輩子教孩子怎麼保護自己，而有些人，卻一刻也沒提醒過自己的孩子：「不要去傷害別人」。

「性教育」是教養路上一個重要的課題。當了爸媽後，我們必須用科學和正面的角度和孩子談「男女分別」，談「性議題」，談「安全措施」；無論是兒子或者女兒，都必須教導孩子正確的知識，這樣孩子們才能有意識地保護自己，不傷害別人的同時，也不會傷害了自己。

51. 追求安穩的生活有錯嗎？

　　孩子，等你長大後，有些人可能會說：「年輕人，時間還很長，該出去闖闖。」又或者是：「年輕人，別搞得自己壓力太大，生活平淡就是福氣。」

　　對於生活，有些人選擇安逸，有些人選擇拼命，這都沒問題。因為每個人對生活的要求和理念都不一樣。但是有些人會害怕「壓力」，總認為若想要追求簡單快樂的生活，就不應該給自己「壓力」。

　　有人問他：「為什麼不試試繼續進修？他說：「沒時間。」有人問他：「為什麼不考慮面試升職？」他說：「沒能力。」

　　他說：「我只想要平凡的生活，不想太有壓力。不需要花多餘的時間和精神在新的事物。」他又說：「我只想要安穩的生活，不需要更多的工作量和責任來辛苦自己。」

你問他：「什麼是安穩的生活？」他會說：「夠吃夠用。」
你問他：「什麼是平凡的生活？」他會說：「做自己喜歡的事。」

但孩子，其實，他忘了安穩的生活不是沒有壓力，平凡的
生活不是無需努力。

真正追求安穩的人，不是只會上班下班，回家閒著過日子
的概念。盲目享受著清閒帶來的安逸，沒有任何的危機意識。
尋求安穩的人，會不斷思考怎樣可以讓自己一直維持在這種「夠
吃夠用」的狀態；例如善用空閒時間來學習投資，設法增加被
動收入，計畫未來的財務狀況。享受當下的同時，也會規劃自
己往後想要的穩定生活。

所謂安穩生活的背後，有著的是別人看不見的壓力。但他
們卻也有著將危機變成轉機的能力，好讓自己在面對未來的大
風大浪時，也能安然度過，維持原本的生活。

又或許，真正追求平凡的人，不會老想著生活要如何過得
輕鬆自在，也不是只想要待在舒適圈，不願去探索其他的事物，
讓自己沒了競爭能力。尋求平凡的人，是在不去攀比別人生活
的同時，也努力提升自己。專心做好自己想做的事情，在這領

域裡不斷研究和進修，盡最大的努力把自己最愛的事情，做到自己認為是最好的為止。

所謂平凡生活的背後，有著的是別人看不見的拼命。但他們的努力並不是為了得到誰的認可，而是純粹忠於自己對生活的熱情。真正追求安穩和平凡的人，不是要想辦法變得多富貴。而是會不斷學習和增值，努力地維持自己想要的，簡單且快樂的生活。

有人會說，人生短短幾十年，要學會知足，生活簡簡單單，活在當下就好。幹嘛要讓自己背負那麼多壓力和責任？幹嘛讓自己那麼辛苦呢？

二十幾歲的時候，就有著六十幾歲的退休思想。
二十幾歲的時候，就想著六十幾歲的生活方式。

但孩子，你知道嗎？或許某些人六十幾歲的安穩生活，背後藏著的是歷盡幾十年的血汗打拼，背負過多少壓力，才換來如今大家所謂的「平凡生活」。而年輕時所有的努力和規劃，

都成了在未來動盪的世界裡，讓自己穩定下來的籌碼。

人不是要學會捨棄壓力，而是要學會如何釋放壓力。人要學會知足，但也要確保未來的自己不會哭著後悔說知錯。

生活的態度沒有對錯，自己需要為自己的決定負責。但孩子，請別把追求安穩，當作是懶散的藉口；因為沒壓力，不努力，你拿什麼來維持安穩且平凡的生活？

謝謝你，我孩子的外婆

女兒，你要記住。

有個人，在你出生的當天，在產房外守了半天，就為了迎接你來到這個世界。有個人，曾經在你生病的時候，不眠不休地照顧你，半夜不忘多次起身替你量體溫。有個人，曾經在你發牙鬧情緒的時候，折騰了一整個夜晚，半夜從房間抱到客廳，從客廳走回房間，一直抱著你到早上，直到你熟睡為止。

她會買你愛吃的菜，陪你洗澡玩水，傍晚帶你到公園玩鞦韆。雖然每次精心準備的菜，你不一定賞臉；雖然每次幫你洗澡都弄得自己全身濕漉漉；雖然每次在公園都要追著你跑，很累。但這個人，總會不厭其煩地滿足你的要求，總會細心呵護你的日常生活，總是比爸媽對你還要溫柔有耐心。

有個人，她不是你爸媽，卻做著爸媽都在做的事情，而且做得比爸媽還要好。有個人，她不欠你，卻願意擔起了照顧你

的責任 ，讓爸媽安心去工作賺錢。有一個人，在你成長過程中從未缺席過。有一個人，和爸爸媽媽一樣那麼地愛你。有一個人，比誰都希望你過得健康開心。

有一個人，她叫「外婆」。

女兒，你要記住。你是被外婆帶大的幸福孩子。

謝謝你，我孩子的外婆。

送給女兒們的 7 句話

① 如果別人不尊重你，你也不必尊重他，因為沒有誰的付出可以被當作理所當然。

② 如果在外得不到該有的尊重，該有的權利，那就回家，回到有爸爸媽媽的家。

③ 追求完美不如活得漂亮。

④ 笑容是發自內心，不是帶在臉上。該變美的不是樣子，是你的生活。

⑤ 有時候你對別人的無私，是對自己的自私。

⑥ 努力並不是為了得到誰的認可，而是純粹忠於自己對生活的熱情。

⑦ 人生無需向別人解釋，你只需要把它過得有意思

Chapter
8

愛自己，

別忘了自己想要的人生

當媽媽後，總覺得自己什麼都做不好。小孩生病，小孩跌倒，小孩不吃飯，好像都是媽媽的問題。當媽媽後，總覺得自己什麼都不比別人好。飯沒有比別人煮得香，帶小孩不比別人強，好像什麼也比不了。當媽媽後，總有莫名的卑微感，卻時常忘了一些「偉大的小時刻」。

自然產九級陣痛，寶寶平安順產。媽媽，你做到了。剖腹產後的傷口拉扯，半夜起身餵母奶，媽媽，你做到了。母奶這條艱難的路，每隔兩小時起身熬夜擠奶，媽媽，你做到了。寶寶第一次發燒的煎熬，排隊帶寶寶去打預防針，媽媽，你做到了。第一次長牙鬧了整晚，隔天還是照常顧孩子上班，媽媽，你做到了。

媽咪們，你已經做得很好了，你很勇敢。但如果有哪一天，哪個深夜，你無助想哭，要告訴自己沒關係，這不是懦弱。因為面對自己的負能量，也是需要「勇氣」的。跨過去了，一切都真的過去了。孩子會長大，他終究會有自己的時間和生活。別放棄自己喜歡做的事情，別忘了自己想要的人生。

無論是當媽媽前還是當媽媽後，我們的故事，由我們自己來寫。

52. 可以變老是一種福氣

那天和朋友聊起關於變老的話題。朋友的孩子問她：「媽媽，我長大後，你和爸爸都會變老嗎？」朋友對孩子說每個人都會變老，這是大自然的定律。但孩子似乎不是很明白，疑惑地再問了句：「媽媽，你和爸爸會害怕變老嗎？變老了，就不能陪我玩了。」

聽到這裡，我不禁地嘆了一口氣向朋友說道：「最近有位上了年紀的親戚在工作多年的公司辭職了。原因是新上任的主任嫌棄他的年齡，認為公司需要更年輕的人才，所以不斷地挑剔他的工作能力。因為不想長期承受這些情緒壓力，他最終選擇離開公司。聽了後，總感覺老了有很多事情做不了，感覺老了好像不被需要，害怕自己變老的一天。」

但這時候，朋友卻笑笑說：「很多人都害怕自己會變老，害怕自己不再像年輕時漂亮，害怕自己不再像年輕時能幹，害

怕自己不再像年輕時自由，什麼容貌焦慮症，衰老焦慮症，害怕老了後，在世界上會沒什麼存在感，遭人嫌棄。但大家卻忘了，可以慢慢變老，其實是一種福氣。」

變老，你可以有很多值得回憶的往事。
變老，你可以有機會體驗不同的時代。
變老，你可以認識不同個階段的自己。
變老，你可以看見愛的人變老的樣子。
變老，你可以有計畫做個完善的告別。
變老，你可以親眼看見自己變得有魅力的樣子。

人的價值是需要自己創造，而不是由別人來賜予的。不要因為害怕變老而變得焦慮，浪費許多時間，放棄了在自己人生中可以不斷創造無限價值的可能性。

這時候，我問朋友如何回答孩子的問題？她說：「孩子，雖然爸媽變老了，不能像從前那樣陪你玩。但是，我們可以陪你熬夜考大學，到出席畢業典禮，我們可以陪你失戀大哭，到

出席你的婚禮，我們可以陪你不斷嘗試，到最終完成夢想。因為可以陪著你走過很多風景，因為可以看著你健康快樂長大，所以爸媽才不會害怕變老啊。」

我聽了朋友的話，點點頭，頓時感覺心暖暖的。嗯，因為只有變老，你才可以，看見孩子一個一個地長大。這不都是每個爸爸媽媽的心願嗎？

朋友說，做人不應該要害怕變老，我們更應該要怕的是，變老後，你的人生回憶裡會有多少不能改變的遺憾和錯過。所以，想做什麼就去做吧，因為不是每個人，都有機會慢慢變老。

53. 致 90 後懂得愛自己的媽媽們

這篇想寫給自己。

我是 90 後媽媽。當媽媽前，週末不是看電影、下午茶、逛街，就是和朋友跳舞。當媽媽後，週末的節目不是餵奶洗奶瓶，就是換尿布洗屁屁。

我是 90 後媽媽。當媽媽前，煮飯洗衣擦地都是親媽包辦，衣服不怕有皺褶，被單永遠是整齊的。早午晚餐總有一頓都是我愛吃的菜。當媽媽後，第一次下廚就是寶寶的副食品，蒸了一堆蔬菜，學會了削水果，才知道自己也是入得了廚房；只不過煮得了菜，就掃不了地。

我是 90 後媽媽。當媽媽前，出門逛的都是化妝品和服飾店。網購的購物車裡永遠有清不完的商品，裡面裝的滿滿都是對耳環和口紅的愛。當媽媽後，購物車還是滿載的，只不過多了些家居和母嬰用品。

小飾品都被移到了收藏夾裡，只能悄悄地等待雙 11 的跳樓大拍賣。

　　我是 90 後媽媽。當媽媽前，下班回家的節奏就是泡澡吃晚餐。睡前翻開書籤的那一頁，繼續昨晚的故事。週五的夜晚，大概就是和同事唱了一整晚屬於 90 後的青春回憶。當媽媽後，下班回家必須到保姆家報到。晚上就是陪吃，陪玩，陪睡的節奏。每天除了塞車，還得和時間賽跑。悠閒的獨處時光通常也只能在半夜，媽媽不是熬夜，熬的是自由。

　　我是 90 後媽媽。當媽媽前，朋友圈裡貼文除了是自拍照，偶爾還有男友當配角。當媽媽後，朋友圈裡除了是曬娃照，偶爾只有自己當配角。

　　我是 90 後媽媽。不同的是，家務事不再是一個人的日常任務。女人的手可以做家務，也能賺錢。反之，男人也可以。減少夫妻間的摩擦，就要從分擔責任開始。

　　我是 90 後媽媽。不同的是，我的生活不再只是圍著家庭轉。偶爾也和閨蜜聚會，挑了件黑色小背心搭配牛仔長褲。日常的小糾結不再只有煩惱今天煮什麼菜。偶爾要苦惱搭配出門的口

紅色號，讓生活充滿小確幸。

我是 90 後媽媽。不同的是，除了負責孩子的起居飲食，女人還需要對自己的臉蛋負責。熟悉不同牌子尿片的吸水性質，同時對補水面膜的小知識也不能少。身上多了份成熟的氣質，卻不會讓我的外表少了精緻。

我是 90 後媽媽。不同的是，我不再盲目地跟隨著傳統的育兒方式。我可以選擇上班，也可以待在家裡帶孩子。有一套自己的育兒堅持，也會以尊重孩子的方式來開啟教養之路。讓孩子釋放天性，同時也注重他們的心理素質。養孩子可以隨性，但絕不能馬虎。

我是 90 後媽媽。不同的是，我不再把所有的愛都獻給了這個家，為孩子付出所有的一切。因為，我把時間和愛留了些給自己。

不要再說 90 後媽媽矯情，她們只是堅持自我，不想把自己遺忘。不要再說 90 後媽媽懶惰，她們可以上班，可以帶小孩，穿得了拖鞋，踩得了高跟鞋。不要再說 90 後媽媽怕吃苦，她們擋得住生孩子的痛，也挺得過餵母奶的難關。不要再說 90 後媽

媽愛花錢，孩子的日常用品省不得，自己的顏值也丟不得。化妝品、保養品都是女人的必需品。不要再說 90 後媽媽不會帶小孩，雖然不是完全照書養，但也是根據科學育兒法，不懂民間偏方，孩子還是健康長大。

但是，無論是什麼年代的媽媽，那份偉大的母愛之心是不會因為年齡而有區別。而媽媽能給孩子最好的人生建議就是先教會孩子如何愛自己。

致全世界的媽媽，繼續努力成為愛自己的媽媽！

54. 書寫自己人生的故事

人生，從睜開眼睛的那一刻起，你有了屬於自己的故事。無論是一些你記得或者不記得的回憶，那些人和那些事，都會成為故事中的章節。人生的章節裡頭，有你曾經害怕的事，有你後悔沒做的事，有你拼了命想完成的事。

你以為人生最「精彩」的章節是幸福、感動和歡笑。你以為人生最「難解」的章節是失望、遺憾和悲傷。但卻忘了人生最「珍貴」的章節，其實是珍惜當下。

有些人在故事的開頭也許很快樂，有些人在故事的開頭也許很無奈。來到了故事的中間，或許他因為得不到當初的快樂，而變得不快樂。或許他因為當初的無奈，而變得堅強和知足。無論你是哪個「他」，大家其實早已為自己的故事寫下了不可抹滅的章節。

無需去嚮往別人的故事，因為你也是個作家，想要動人的

故事，那就釋放情感。想要冒險的故事，那就去追夢。想要不平凡的故事，那就創造傳奇。想要簡單的故事，那就隨心生活。

你可以不快樂。你可以因為輸了場比賽而感到不快樂，你可以因為面試失敗而感到不快樂，你可以因為自己的不完美而感到不快樂。每個章節的結束，你都可以用「快樂或不快樂」來劃上句號，因為這是「你的章節，你的故事」。

但親愛的，不要因為「其他人」而不快樂。

其實人到底什麼時候才會知道？
太在乎別人的眼光和想法，是一種自殘。

沒有誰會為誰的人生故事負責。人生的故事，可能就只能夠寫一次。如果為別人而寫，值得嗎？

所以，請把人生的每個章節，填滿所有最「珍貴」的事物；把故事都圍繞著家人、朋友、愛人、夢想和自己。

想要做什麼事，就寫什麼故事，因為不是每個人都可以寫到故事的結尾，無論是已完成或未完成的故事，他們都會在夜空中持續閃爍，每當抬頭仰望星空，那顆總是吸引你目光的星星，或許也有著和你相似的故事。

要記住，你的故事，你來寫。

55. 什麼是愛自己？

　　人最傻的是，為了別人去傷害自己。要清楚，損友要的不是陪伴，是墮落。

　　小人要的不是競爭，是利益。渣男要的不是自由，是快感。渣女要的不僅是好人，必須是有錢人。

　　用盡一生來滿足別人的慾望，但卻不曾為自己努力過。人最傻的是，為了別人去糟蹋自己。有些人愛自己，但不是自私。有些人愛自己，但不是自我。有些人愛自己，但他們沒有公主和王子病；愛自己不是放縱自己，而是提升自己。

　　愛自己不是否決所有人的言論，而是懂得捍衛自己的聲音，勇敢去做自己認為對的事情。愛自己不是讓自己的人生過得舒適，而是讓人生過得有意思。愛自己不是不為別人付出，而是選擇為值得的人付出。愛自己不是和別人互不相讓，而是懂得為自己設個底線。

愛自己不是要別人來迎合你，而是選擇和三觀（世界觀、人生觀、價值觀）合得來的人在一起。愛自己不是不認錯，而是不要再犯同樣的錯。愛自己不是一味地索取安全感，而是讓自己找到歸屬感。愛自己不是去否定別人的價值，而是懂得自身的價值。

不要明知道這是個錯，卻還是讓自己錯下去。不要明知道別人不愛了，卻還是委曲求全，作賤自己。不要明知道付出了沒有得到尊重，卻還是盲目地犧牲自己，怨天怨地。不要明知道事情沒有結果，卻還是固執地堅持著，不願改變，不願重新開始。

人很容易在拼搏的時候失去自己，埋頭苦幹，為名為利，到最後卻忘了自己是誰。人很容易在一段感情中失去自己，竭盡所有去愛一個人，卻忘了愛自己。人很容易在無助的時候失去自己，漫無目的，毫無方向，不知道自己想要些什麼。但別忘了，人生的路上其實不是尋找自己，而是打造出「自己」。

但也不要仗著「愛自己」的名義，去傷害愛你的人，去利用別人對你的好。這裡的「愛自己」的定義不是貪圖別人的錢

和名利，不是為自己的懶散找藉口，不是讓自己過得輕鬆舒服。這些都不是愛自己，是害自己。

愛自己的人都不是自私，是「自愛」。自愛不是讓自己的生活變得無所謂，而是努力讓自己的生活變得不乏味。就算別人不支持，就算別人不明白，就算別人聽不見，也別忘了你還有「自己」。

因為，不是每個人都會看見那發光發熱，拼了命都要努力愛自己的「你」。自愛不等於自私，無論是男女也要為自己努力。因為，你值得。

56. 人際關係的斷捨離

人到了一個時候，對於愛情、友誼，對於一段關係已經有所覺悟。不說不代表不懂，不解釋不代表接受。誰是一生的摯愛，誰壓根一開始沒把你當朋友，心裡應該早已經很清楚。

有些人不常聯繫，卻會在有利益的時候和你稱兄道弟。有些人可以接受陌生人的成功，卻無法真心為自己朋友的成功感到快樂。有些人在你面前說的都是好話，背後卻是拿著刀，毫不留情地往最裡面捅。有些人時常讚美你，內心卻總是存在不平衡，事事要比較。但是，也有些人什麼也沒做，只會隔岸觀火和別人議論是非。

說話帶刺的人，真的有在乎你的感受嗎？自我中心的人，真的是只有他一人對嗎？暴露秘密的人，真的就可以再次相信嗎？負面妒忌的人，真的就那麼希望你過得不好嗎？

有些人不是天真地相信人，他們只是不願意面對事實，不

願相信這段關係走到了盡頭。物品需要斷捨離，其實「心」也是需要。丟掉這三顆心，或許幸福就在轉眼間。

1. 妒忌心

　　無論是朋友或者情人，只要看見對方比你高薪水，對方的男友／女友很有錢，對方換大房子，連一件小事情，像是對方買了一款新手機都要眼紅，覺得對方所有的一切都只是「幸運」。總覺得別人放在 IG 動態的生活都是在炫耀，總覺得別人分享的話題都是諷刺著你。口口聲聲說不喜歡比較，心裡就連別人用什麼手機都在比較。

　　雖然每天見面相處，卻還是覺得對方比你過得好，時時刻刻都在為對方的生活感到焦慮；能讓你感到開心的事，就只有看見對方遇到不順心的事。

2. 猜疑心

　　他們沒有偷看對方手機，是因為彼此都沒有猜疑心。但真正沒有猜疑心的情侶，是看了對方的手機也覺得沒關係。你總是懷疑他有沒有出軌，所以會在他睡覺的時候，偷偷看他的手

機。你總是覺得朋友會在背後捅你一刀，所以會在其他朋友面前打聽看對方有沒有說你的壞話。有些事情其實可以正面說清楚，你卻選擇默默懷疑。

一段關係出現猜疑，不是因為雙方不夠了解彼此，而是缺乏溝通。很多誤會其實是從「你不問，他不懂」開始的。提出問題的一方，不一定是不信任，只是不想心存猜忌。別把關心和質疑搞錯了，一段好的關係裡或許會存在問題，但彼此絕對不會有猜疑。

3. 自卑心

總是喜歡對別人說自己不幸的遭遇，總是覺得上天沒有給自己機會，總是認為自己才是受害者，總覺得世界欠了你。別人買了一杯星巴克，你說別人好命。別人買房子，你說自己沒像他那麼幸運。很常覺得別人看不起你，對自己沒自信，逐漸和別人的話題、觀念和想法，越走越遠。到最後，剩下的不是自己，而是沒有勇氣去改變的自己。

別因為自己的自卑，而錯失一個對的人。

別因為無謂的猜疑，而懷疑相信你的人。

別因為可怕的妒忌，而去傷害愛你的人。

自卑沒關係，猜疑沒有錯，妒忌心也沒有罪。只不過，大家都不應該為了自己的私心，而出賣了一段真摯的感情。就算無法給予真心，也必須拋開不好的心態。

每段關係，合則來，不合則去，或許，給這段關係留的最後溫柔不是「反擊」，而是「不挽留」。不必去討好不喜歡你的人，不必去巴結三觀（世界觀、人生觀、價值觀）不合的人。選擇把時間和愛留給真心的人，選擇適當地放過自己，放過別人，這或許就是對大家最好的尊重。

57. 你把負能量藏在哪裡？

有時候看著鏡子卻不認得鏡子中的自己，那暗沈的黑眼圈，披頭散髮的倒影，一切都是那麼不熟悉。這時候的負能量，藏在自卑裡。

有時候半夜滑著臉書，看到姐妹在你們熟悉的酒吧或餐廳聚會，群組裡說著今年旅行去哪裡，聊著朋友圈裡的話題。偶爾想回覆搭上幾句廢話，卻發現全部人早已下線，隔天又是新的話題。這時候的負能量，藏在距離裡。

有時候他明明就睡在你旁邊，卻感覺你離他很遠很遠。他一天下來的工作，你一天下來的哄睡、陪玩和餵食，兩人連說聲晚安的精力都已耗盡。這時候的負能量，藏在沈默裡。

有時候明明和小孩待了一整天，卻總是覺得自己是一個人，外面的世界好像與你無關，自己說的話好像也沒人聽得懂。這時候的負能量，藏在孤單裡。

有時候自己堅信的育兒方式受到批評，看見別人不斷把冷水往自己身上倒，全身上下僅剩淚水是溫熱的。這時候的負能量，藏在質疑裡。

　　有時候深夜起身餵奶、擠奶，聽著外面滴滴答答的雨聲，看著身旁熟睡的他，彷彿覺得這個時間醒著的，只有自己。這時候的負能量，藏在倦怠裡。

　　有時候覺得全世界好像忘了自己，但是，很多時候，我們都忘了原來有很多東西被自己隱藏起來了。

　　藏起來的其實是「自信」。

　　藏起來的其實是「信任」。

　　藏起來的其實是「親密」。

　　藏起來的其實是「分享」。

　　藏起來的其實是「堅定」。

　　藏起來的其實是偶爾的「儀式感」。

　　其實無需刻意隱藏自己的情緒，適當地抒發，勇敢地面對

負能量。因為當你發現，自卑是為了建立更強大的自信，真正的友誼不存在距離，夫妻生活有擋不住的熱情，也能耐得住平淡，偶爾和別人分享交流，也是一種生活樂趣。

　　一路上懷疑的聲音會被當初堅定的信念，慢慢地給淹沒，日夜重複的生活，偶爾只需要一點火花，就會變得燦爛閃耀，原來當初所有的負能量不是為了打垮你的生活，而是為了還你生活中的「真正的快樂」。

　　每個人都會以自己的方式發光發熱，重要是，你要先照亮自己。

58. 自癒

很多人說，當媽媽後，就懂得如何隱藏自己。眼淚、傷心、難過，很多時候，都要靠自己默默地給走過去。或許在聊天時，有些人都能將過去的傷心事輕鬆地說出口，卻不會輕易把難過的情緒顯露出來。

當媽媽後，都不想讓別人背負自己的情緒。當媽媽後，總覺得過多的同情和安慰是一種負擔。不想和別人解釋，為什麼措手不及的事情會發生在自己身上。不想讓別人看見，自己懦弱又害怕的樣子，彷彿一擊就碎。

當媽媽後，學會隱藏自己的情緒，不是想當個體面的大人，而是在自己傷心難過時，不想麻煩別人，也不希望在這時候，有人來給你添麻煩。當媽媽後，我們都不是不會喊痛，只是學會了自癒。

某個晚上那個默默陪在你身邊，等待你自癒的人，或是好

幾次你覺得走不下去，他/她都會把你拉回來的人；無論是家人、閨蜜或者另一半，那些曾經把勇氣借給你的人，除了感恩，也別忘了在某個時候，記得把勇氣，還給他們。照亮自己的同時，也別忘了把這道「光」照向愛你和你愛的人。

59. 學習平等尊重的家庭教育

這篇是看了一部關於家庭的電影，有感而發。

故事是關於一個常被自己家人看不起的媽媽。他們說教育裡，身教勝於言教。一個家庭裡，如果爸爸老是對媽媽大呼小叫，如果爸爸總是對媽媽言語暴力，如果爸爸每次習慣性羞辱媽媽，那麼孩子自然也不會懂得尊重媽媽。當然，反之亦然。

這部電影裡的家庭，最早起身的人是媽媽，準備早午晚餐的人是媽媽，打掃做家事是媽媽，甚至嘗試提升自己，嘗試做副業的人也是媽媽。但在這個家庭裡，最沒地位的人，竟然也是媽媽。

待在家裡的媽媽，家人取笑只會做飯。出門工作的媽媽，家人嫌棄沒照顧家。面對家人的貶低，面對孩子的嫌棄，面對老公的看不起，自身的價值也變得模糊不清。即使家事和工作做得再多再忙的媽媽，卻沒有得到應有的平等和尊重。

一個不懂得欣賞和讚美的家庭，真的會有幸福嗎？事實是，很多時候，你在貶低他人的同時，也在貶低自己的價值。一個家庭裡，沒有所謂誰的地位比較低，沒有所謂誰的身分比較弱。

　　夫妻之間，平等相待，互相尊重，孩子自然也會懂得尊重別人。爸媽可以給孩子最好的教育，或許就是教會孩子好好愛自己的同時，也必須尊重別人。而爸媽可以給孩子最好的身教，可能就是彼此好好「愛對方，互相鼓勵，一起成長」。

　　孩子也想看看，夫妻相處和睦的世間真愛，當孩子看過了什麼是「真愛」，以後才不會因為別人隨便一句「我愛你」，輕易在感情世界中迷惘。

　　要記住即使當了爸媽，在為一個家付出的同時，也千萬別忘了，要努力愛自己。

60. 媽媽，謝謝你，今天你自由了！

這是網友跟我分享的故事。

朋友到相熟的親戚家拜訪，在那期間認識了一位親戚的朋友名叫 R 小姐。R 小姐今年 55 歲，最近剛離婚。有次聚會中 R 小姐主動和她聊起「離婚」的話題。

當問到 R 小姐的近況時，R 小姐直率地說自己剛離婚，但朋友接下去也沒有問太多，畢竟這是別人家的事。朋友很常來這親戚家，這段時間也遇見了 R 小姐很多次，期間也有聊天，兩人的關係慢慢地變成了朋友。

有一次，R 小姐問道：「你不好奇我為什麼離婚嗎？每個人聽見我這段遭遇，都會有千百個問題想問我，哈哈！」朋友回答：「會的，但我知道這是你的私事，你的選擇，如果你不想提起，我也不會過問。」

R 小姐微笑說：「沒事，我知道 55 歲離婚的不是很多，所

以別人會好奇也是很正常，但這是我這輩子為自己做過最棒的決定！」

朋友接著問：「為什麼是這個時候呢？如果不適合，以前在一起的時候，不是就已經知道對方的性格了嗎？還是日子久了，大家都不愛了？」

R 小姐回答：「其實『不適合』和『不愛了』並不是一個離婚的導火線，你看看，很多人時常吵架打架，也都沒離婚。很多人的生活習慣不同，彼此看不慣對方的缺點和壞習慣，但這也沒有讓兩人走到離婚的地步對吧？」朋友點頭，似懂非懂。

R 小姐接著說：「我身邊很多人都勸過我，55 歲了都忍了大半輩子人，還搞什麼離婚？」而我說：「就是因為 55 歲了！還有很長的下半輩子！所以不想再忍了！」

於是 R 小姐話說從頭，敘說著自己的故事。

* * *

我們那個年代社群網路不發達，結婚全靠親戚朋友介紹。而且到了適婚年齡，就會順其自然的踏入婚姻。因為我阿嬤是這樣，我媽媽是這樣，所以那時候認為，女人該走的路就是這

樣。我和前夫相遇不到一年，就決定結婚，然後一起生活。

什麼性格，理念，三觀（世界觀、人生觀、價值觀）相同？在我們那個年代都沒有談這些。只要兩人年齡相近，即使相差 5 至 10 歲也算相近，然後經人介紹，談得來幾句，就可以準備成為夫妻了。幸運的就遇見真愛，不幸運的，也就像是遇見了室友吧。

結婚後，親戚朋友就會開始催你生孩子。我結婚前兩年都沒孩子，別人的嘴就會開始在我身上用機關槍掃射，然後前夫就會開始責怪並且嫌棄你沒有做好傳宗接代的責任，沒讓前夫的爸媽抱孫，娶回來真是衰，這些難聽的話，我也必須一一承受。因為當時連我媽媽也覺得女人生小孩是應該的。

後來生了小孩，是個女兒。夫家高興，但也已經放話說下一胎要有個男孩，這樣家裡才會熱鬧光榮。生了小孩，都是我自己在家顧孩子。有一陣子，家裡經濟不行，我就替別人照顧兩個小孩，加上我自己的女兒，賺些錢貼補家用。

我需要做飯、洗衣、曬衣、照顧小孩、陪睡陪玩和做家務，而前夫因為失業了，也不打算找工作，就靠著我這份收入，每

天出門找朋友喝茶，回家吃飯睡覺，過著廢人般的生活。待女兒上學了，沒錢付學費，前夫就會上門大罵校長一頓，女兒還為此哭了一天，說道：「媽媽，我不要爸爸帶我上學，我不要！」，雖然那段日子辛苦些，但總不比前夫的語言污辱來得刻苦銘心。

做飯遲了，他說，就做點飯！這樣都可以做不好！

小孩哭鬧，他說，很吵很吵！每天都會吵吵吵！帶衰我！

勸他別賭，他說，男人賺錢，女人閉嘴！

生氣頂撞，他說，這個家是我的！你不喜歡就滾回去！

再後來，他雖然也有工作了，經濟也穩定些，但我們也沒有再生二胎。因為這樣的生活，我意識到，如果再生，只會讓小孩難受。長期待在一個謾罵打擊的家庭氣氛，這對小孩來說，是不幸。

這時候，別人的嘴巴也停不下來，一直在為我沒有生二胎，沒生兒子感到怨恨。前夫有時候也會對我好，譬如會買好吃的東西給我，生病會買藥給我。但這些好，遠遠比不上他生氣所說出那些難聽的話；他不會支持我的興趣，他說女人就待在家

裡，為什麼要出去工作，所以我的工作都只是在家當保姆。他不會買馬克杯給我，即使他知道我興趣是收集馬克杯。

＊　＊　＊

說了那麼多，這時候，朋友忍不住問道：「既然生活那麼苦，和這個人在一起也不快樂！為什麼不早點脫離這種生活呢？」

R 小姐說：「就因為我沒那麼幸運活在這個資訊發達的年代呀！」新世代提倡性別平等教育，尊重女權！所以蠻羨慕這世代的女生，擁有很多機會。人生還有很多事情值得追求，不必只是為了談婚論嫁的事情擔心，可以追逐自己的熱情，盡情把日子過成自己想要的樣子！

因為資訊發達和教育的功勞，我們才知道女生也能上班學習進修。我們才知道女生穿短裙不是一種罪。我們才知道人權是不分男女種族。我們才知道女生的價值，不是在於有沒有結婚，有沒有生小孩。

R 小姐說，當時不想離婚，是不想女兒被人用異樣的眼光對待。但現在孩子長大了，時代進步，可以做自己的事情，認識有相同體驗的同溫層朋友。

直到女兒戴著四方帽，在台上領著醫學系畢業證書那天，女兒含著眼淚，拿著麥克風，向全部人說道：「我的媽媽，謝謝你！今天你自由了！」

　　或許台下的人都不明白這番話的意思，純粹認為孩子大了，媽媽就解脫了。R 小姐說：「我的婚姻生活，女兒都看在眼裡。她那句話的意思是：媽媽，我長大了，你不需要再擔心我了，去吧，去過你想要的生活。」

　　R 小姐說：「我的婚姻是這樣。但是，我女兒日後的婚姻生活，真的可以不用這樣的。」就在女兒畢業典禮那天，她說她拿起衛生紙，擦拭眼淚，撥了通電話，「喂。我決定了……。」

有時候的放手，不是放棄，

而是因為找到了愛自己的勇氣。

　　有些事情寧願錯過，也不要一輩子難過。人生擁有許多轉折點，但願我們所做的每個決定，都能對得起自己，對得起自己的餘生。

送給記得愛自己的你

無論是重複的文字，還是你不認同的句子，來到了書的結尾，只想要再次提醒你：無論你在人生哪個階段，別忘了為自己的身分感到驕傲。當媽媽後，有時候你會迷茫。當媽媽後，有時候你會忘了自己。但若今天我的文字有緣分遇見你，我希望媽媽們都會記得這 20 句話。

① 當媽媽後最怕的不是沒有自由，而是沒有了自己。

② 別人可以質疑，但他們無權干涉你的育兒方式。

③ 媽媽最怕的不是「沒有選擇」，而是別人認為她「不配有選擇」。

④ 一輩子或許很長，要愛一個值得的人。一輩子或許不長，要做一個有價值的人。

⑤ 媽媽的付出不是應該，爸爸的努力也不該忽視。

⑥ 婚姻裡沒有我應該，只有我願意。

⑦ 育兒從來沒有對與錯，只有後果。

⑧ 母愛沒有設限，當媽媽也不需要為自己的人生設限。

⑨ 當媽媽這輩子做過最勇敢的事不是生孩子，而是學會「如何放手」。

⑩ 寧願浪費錢，也不要浪費餘生。

⑪ 互相尊重，將心比心，是婚姻最美的樣子。

⑫ 生小孩不是一種選擇，而是一個責任。

⑬ 夫妻之間的付出和辛勞，只要對方互相理解和包容就足夠了。

⑭ 父母的最終責任，是讓孩子成為獨立的自己。孩子不屬於任何人，人生一直都是他自己的舞台。

⑮ 很多時候，能讓孩子感受到母愛的，不是一頓豐富大餐，不是多不勝數的玩具，不是上不完的補習班，不是媽媽所給的生活基本需求。而是媽媽對孩子的一個肯定，一句慰問與一個擁抱。

⑯ 兩夫妻的相處，是分擔，不是獨自承擔。

⑰ 婚姻裡，不期望什麼山盟海誓，但願彼此用心經營。

⑱ 對孩子而言，最真的愛，是父母相親相愛。

⑲ 給孩子最好的人生建議，就是先教會如何愛自己。

⑳ 不要活成別人想要的樣子，要活出自己快樂的樣子。

不要活成別人想要的樣子，要活出自己快樂的樣子：

Jens Mama 給所有女孩、女人與媽媽們最實用且貼心的人生守則

圖 ＆ 文／Jens Mama
美術編輯／申朗創意
責任編輯／劉佳玲
企畫選書人／賈俊國

總 編 輯／賈俊國
副總編輯／蘇士尹
編　　輯／高懿萩
行銷企畫／張莉滎、蕭羽猜、黃欣

發 行 人／何飛鵬
法律顧問／元禾法律事務所王子文律師
出　　版／布克文化出版事業部
　　　　　台北市中山區民生東路二段 141 號 8 樓
　　　　　電話：(02)2500-7008　傳真：(02)2502-7676
　　　　　Email：sbooker.service@cite.com.tw
發　　行／英屬蓋曼群島商家庭傳媒股份有限公司城邦分公司
　　　　　台北市中山區民生東路二段 141 號 2 樓
　　　　　書虫客服服務專線：(02)2500-7718；2500-7719
　　　　　24 小時傳真專線：(02)2500-1990；2500-1991
　　　　　劃撥帳號：19863813；戶名：書虫股份有限公司
　　　　　讀者服務信箱：service@readingclub.com.tw
香港發行所／城邦（香港）出版集團有限公司
　　　　　香港灣仔駱克道 193 號東超商業中心 1 樓
　　　　　電話：+852-2508-6231　　傳真：+852-2578-9337
　　　　　Email：hkcite@biznetvigator.com
馬新發行所／城邦（馬新）出版集團 Cité (M) Sdn. Bhd.
　　　　　41, Jalan Radin Anum, Bandar Baru Sri Petaling,
　　　　　57000 Kuala Lumpur, Malaysia
　　　　　電話：+603- 9057-8822　　傳真：+603- 9057-6622
　　　　　Email：cite@cite.com.my
印　　刷／卡樂彩色製版印刷有限公司
初　　版／2023 年 05 月
定　　價／380 元
ＩＳＢＮ／978-626-7256-81-7
ＥＩＳＢＮ／9786267256886

© 本著作之全球中文版（繁體版）為布克文化版權所有・翻印必究

不要活成別人想要的樣子，要活出自己快樂的樣子：Jens
Mama 給所有女孩、女人與媽媽們最實用且貼心的人生
守則 /Jens Mama 著 . -- 初版 . -- 臺北市 : 布克文化出版
事業部出版 : 英屬蓋曼群島商家庭傳媒股份有限公司城
邦分公司發行 , 2023.05
　面；　公分
ISBN 978-626-7256-81-7(平裝)

1.CST: 自我實現 2.CST: 生活指導 3.CST: 女性

177.2　　　　112005406

城邦讀書花園　布克文化
www.cite.com.tw　www.sbooker.com.tw